人生百年の生老病死

これからの仏教
葬儀レス社会

櫻井 義秀
Sakurai Yoshihide

興山舎
KOHZANSHA

はじめに ──なぜ葬儀レス社会なのか

「葬儀レス社会」とはいささか大げさなタイトルかもしれません。朝日新聞が二〇一九年に組んだ「老後レス社会」という特集にならい、葬儀がなくなるかもしれない社会という意味で使っております。少子高齢化への対応が社会的課題であった平成の時代が終わり、高齢多死社会化への対応を迫られる令和の時代を私たちは生きております。人口減少と家族構造の変動は、学校、職場、地域社会、そして社会保障の制度に大きな変化をもたらしました。若い人が多い時代は社会に活力があり経済も成長します。青壮年世代で高齢世代を支えるのも容易でした。

しかし、今、気づいてみると団塊の世代まででできていたことがその下の世代からできなくなっています。定年まで勤め上げること、家を持つこと、子どもに自分と同じかそれ以上の教育を与えること。この三つにお金を使い果たした家族では、老後資金に不足が生じます。悠々自適のセカンドライフは特権となりました。このような状況であっても、日本人の多くは八十代中後半までなんとか生きていかなければなりません。

葬儀や戒名は要るのか要らないのかという論争。終活に熱心な世代を対象とした葬儀・墓・法事のあり方をめぐる提案。そして、檀家制度に根ざした寺院仏教がどう生き残っていくのかという議論。

これらは団塊の世代まで通用した話にすぎません。これからの時代は、親世代と子世代では住む場所とライフスタイルが大きく異なり、家族も持たない人が増えていきます。若者から独居高齢者までおひとりさまの生活がニューノーマル化するわけです。

葬儀レスとは、伝統的な葬儀や法要を営む余裕のない世代が社会の多数派になりつつあるという認識を示しています。この世代に対応した葬儀や法要の仕組みを寺院仏教は提供できているのでしょうか。言い方を換えると、寺檀制度を支える人たちを失えば、僧侶は「寺院レス」の時代を生きていくことになるのかもしれません。そうした意味からも「これからの仏教」を冠にしました。

「人生百年の生老病死」をサブタイトルに掲げたのは、仏教が説く四苦八苦の現代的諸相を冷静に見るという本書の視点を示すためです。何が苦を生み出しているのかが分からなければ、対応のしようがありません。死だけが苦ではありません。「死」に焦点化しすぎるスピリチュアルケアや葬儀の議論では不十分です。青年から壮年世代までの「生」、二十年から三十年ほども続く「老い」と「病い」についての洞察を踏まえない「死」の議論は皮相です。

本書の第1章と第2章は、現代の日本人が向き合う「生老病死」の諸相を、世代ごとに求められるケアや幸せのあり方、老いと病いにおける生活の質、尊厳死に潜む自立の呪縛などのトピックから描いていきます。個人として生きることと共同性のなかで生かされることとのバランスが必要です。

第3章から第5章までは、地域寺院や僧侶が提供できるケアやグリーフ（喪）の可能性を、私が父を亡くし葬儀法要を行った経験を加えて、看取り、葬儀と法要、服喪という一連の過程から見て行こうと思っております。葬儀と法要は家族とコミュニティにとって大きな意義があります。機能は維持しつつも、形態について試行錯誤していくことが必要なのではないでしょうか。

第6章では、これからの墓のあり方について樹木葬を含めた遺骨の埋蔵・収蔵の仕方から事例を用いて考察します。最後に、第7章では、日本の墓、葬祭の考え方や死生観は縄文時代から現代まで一貫したものではなく、その時期特有の埋葬法や霊魂観があったことを考古学・歴史学・民俗学の資料をもとに解説いたします。

文化や社会制度は固定的なものではありません。社会状況や人々の心性の変化に対応して柔軟に変化してきたからこそ、葬儀・追悼という文化、墓という形が残ってきたのです。現代はイノベーションが求められる時代です。

どの章、どの節から読んでもらっても、それなりに読み物になるように書いたつもりですが、二度三度同じエピソードや話が出てくる部分があります。繰り返しの部分にこそ、著者の言いたいことが強調されているとご理解いただければ幸いです。

著　者

人生百年の生老病死

これからの仏教　葬儀レス社会

目次

目次

目　次

第6章　これからの墓はどうなるか

第7章　葬送をめぐる過去からの再検証

目次

装丁　長谷川葉月

序——人生百年を生きるのに必要なこころの師

セカンド・ライフのゆくえ

三月は卒業の時期です。大学の教職員で定年を迎える人も最終講義や送別会が予定されるのですが、二〇二〇年はコロナウイルスの感染拡大によって多くの記念会が中止されました。六十五歳で退職時に次の仕事が決まっている人はわずかです。まずは一休みして、それから考えるという心境でしょう。

僧侶で住職の方はもとより、農家や漁師、職人さんたち、自営業やオーナー企業の社長は健康の許す限り働くことができます。女性もまた家事という生活時間のかなりの部分をかけて担う仕事があるので、専業主婦であったひとも勤め人であったひとも中高年期のライフスタイルにそれほどの断絶はありません。

しかし、今日、日本は勤め人が多数を占める社会になり、定年で職場を去ることを求められます。

そして、第二の人生は、地域貢献や社会貢献、余暇生活などを生きがいとしてセカンド・ライフを始めてくださいと言われるわけです。

昭和一桁から団塊の世代の前まで定年は六十歳であり、中高年時が高度経済成長の最盛期にあったため、持ち家と蓄え、年金で悠々自適のセカンド・ライフが可能な世代でした。

高齢者が旅客機で、あるいはクルーズ船で世界各地をへめぐって漫遊旅行したものです。

ところが、人生百年時代を言い渡された団塊の世代以降は、勤め人生活の後半にバブル経済崩壊、アジア金融危機、リーマンショックと数年単位で景気の変動を経験し、リストラや転職を余儀なくされた人が少なくありません。非正規雇用が正規雇用の約半分にまで増加した一九九〇年代から二〇一〇年代までに勤め人生活を送った人は、前の世代に揃っていた自宅、貯蓄、年金の三点セットを持てない人が大幅に増えています。

直視すべき年金制度の基本と現実

現在、定年後のセカンド・ライフとして想定されていることは生活費を稼ぐために何らかの形での就業継続です。年金支給年齢を繰り下げる財政上の問題もあって定年は六十五歳、そして七十歳までの再雇用が義務化される見通しですが、二〇一九年、年金プラス二千万円が社会問題化されました。九十五歳まで夫婦二人で生活するとして別途取り崩すための二千万円は自分で用意しなさいという金融庁の報告書に、与野党が激怒して撤回させたのです。

しかし、冷静に考えてみれば、一九六一年に成立した年金制度は、家族の責任だった老親の世話を年金として世代間扶養の社会化を図ったものです。年金額は子世代からの仕送り額と同等レベルだし、しかも、掛け金の負担額に応じた公的仕送りです。したがって、現時点においてさえ、国民年金だけで生活できないのは自明であり、老齢期までの貯蓄と生活の切り詰めが高齢者のライフスタイルだったのです。

厚生年金受給者にしても、四十年間の掛け金分でその後二十年の生活が賄えるとは想像しがたいところです。

しかも、年金制度が発足した時の高齢化率は5・8％であり、圧倒的多数の勤労者がわずかの高齢者に社会的仕送りをすることに無理はなかったのです。年金財政に余裕ができ、厚生年金会館やら保養施設が全国にできました。ところが、二〇一八年時点において公的年金（厚生年金保険と国民年金）の被保険者数は六千二百九十七万人であり、実受給者数は四千四百八十二万人です。

賦課方式の年金制度においては一・五人が一人の年金を支えるという構造を受け入れざるを得ません。どの政党が政権を取ろうとこの構造は変わらないのです。年金だけで生活できないのは政治が悪いといって年金問題が政治化されていますが、制度の基本と現実をよく見て、セカンド・ライフのあり方を考え直さないといけません。

アクティブ・エイジングのすすめ

アクティブ・エイジングとは、二〇〇二年にＷＨＯが国際連合高齢者問題世界会議で提案した「高齢期の生活の質を高めるために健康を維持し、社会参加を可能にするために社会保障を強化する個人的・社会的営み」という概念です。

六十五歳以上の人々を高齢者と一律に定義してシルバー料金を設定したり、年金の受給年齢や医療費の負担割合を同一にするのは、現在の高齢者の実態にそぐわないものです。日本老年医学会が主張しているように、七十五歳以上を高齢者とする社会認識の転換が必要かもしれません。

いわゆる前期高齢期の区分では、就労や地域参加・社会参加などさまざまな活動が可能な高齢者が多く、それによって健康や生きがいを維持できます。七十六歳以上の後期高齢期の段階では、健康で自由に好きなことを悠々自適にやれる人が減り始め、八十歳以降は身体的・認知的老化のために施設入居を検討する人や、在宅介護のサービス受給者が増えるでしょう。

六十五―七十五歳の世代がどのように自ら生活の質を高め、社会的支援者の側に回っていくのかで超高齢化社会は乗り越えられます。現在でも、七十五歳以上人口が総人口に占める割合は13・8％であり、日本で国民皆保険・皆年金制度が成立した時期に近いのです。

超高齢化社会を六十五歳以上人口比30―40％で考え、セカンド・ライフをリタイアと位置づけるから将来への不安が増大するのであって、十年遅らせることで、社会の見え方がずいぶんと違うものになります。

この点で勤め人の人生モデルは時代に乗り遅れています。第一次産業や職人仕事、自営業従事者こそ、時代の先端に躍り出ているのです（金子勇『日本のアクティブエイジング―「少子化する高齢社会」の新しい生き方―』北海道大学出版会、二〇一四年）。

逆の言い方をすれば、勤め人人生から自営・自立型人生を人生百年時代の目標にすることが必要です。僧侶の高齢化がしばしば問題になりますが、それは僧侶人生を全うするという点で望ましいことだし、中高年世代を僧侶人口のリソースとして考えれば、この問題の見え方はかなり変わります。

直木賞作家がタイで出家した理由

直木賞作家である笹倉明氏がタイに移住後、十年目で出家し、アキラ・アマローという名で第二の人生を送り、数年目の心境を綴った書籍が刊行されました。笹倉明『出家への道―苦の果てに出逢ったタイ仏教』（幻冬舎、二〇一九年）です。私は書評で知り、早速購入して読了したのですが、日本人のセカンド・ライフという意味で考えさせられました。

十数年前から、タイには、年金生活者が余裕のあるセカンド・ライフを送れるロングステイ先として数千人の日本人が移住しています。けれども、この間、タイの物価は上昇し、一部の日用品や食費が安いほかは、日本とほとんど差はなくなりました。日本の水準で日本食や住環境、医療を維持しようとすれば割高です。他の東南アジア諸国も似たりよったりで、食い詰めて孤独死する日本人が社会問題化しています。

笹倉氏も半分はこのブームにのってしまい、タイで作家業や副業による再起を図ったのですが、悉くうまくいかず、こうなってしまった人生の因果を省察するべく出家し、世間から離れたのです。

直木賞作家でミステリーを書いていた著者ですが、基本的に売れない作家で生活は苦しかったそうです。両親とも教師の恵まれた家庭に育ち、運動もでき勉強もできて一流大学に入って作家を目指したのですが、受賞までは臥薪嘗胆の日々で家族に支えられたそうです。文壇の表舞台にようやく登場してからは、生来器用であることや種々のことに関心が広がりすぎ、作家業に精進しきれないまま、一人タイに移住することを余儀なくされました。

書籍では、仏教寺院の出家式に臨んだ情景描写と交互に自分を支えてくれた家族への思いや悔悟が切々と綴られています。私が気になったのは、戦中派だった自身の親世代と比較してみると、戦後教育を受けた世代が心のよりどころや日常生活の規範というものなしに豊かな時代に自分を見失い、老境にさしかかってしまったという述懐です。

戦後の教育は、人権の尊重とリベラルな社会の確立に向けて個性の重視や社会教育などに力が注がれてきました。しかしながら、家族や地域社会、職場の人間関係など共同体的なしがらみが緩くなる一方で、人として、世の中はこうでなくてはいけないという規範意識も薄れ、ソフトな仲間意識のなかで自己と他者との関係を非常に気にする意識を持つに至っています。その極地がスマホを手放せず、「いいね」や「インスタ映え」、フォロワーの数を競う情報社会でしょう。

笹倉氏は上座仏教が日常生活や社会生活に大きな影響力を持つタイに居住するうちに、「信心」という心のあり方が人の人生を支えているのではないかと思い至ります。自己実現や自分の気持ちといったことに比重がかかりすぎて、自分以外に基準がないことの苦しさもあるのではないかというのです。確かに、自己実現やアイデンティティの確立といった概念に私たちは並々ならぬ思い入れを持ってしまいがちです。

このような心のありようは近現代人特有のものだったのかというと、実はそうでもないのです。

「心の師とはなれ、心を師とせざれ」

千利休に連なる茶の湯の創始者と称される村田珠光（一四二三―一五〇二）は、一番弟子であった古市澄胤《ちょういん》に「心の文」として残る書簡を送りました。その一節に「心の師とはなれ、心を師とせざれ」とあります。

心が弱いから自分の考えに執着し、迷ったり、慢心したりして茶の湯を極めることができない。弱い心を正しい教えと自身の修練で鍛え上げなさいというわけです。

室町時代において貴族や武将が執着したのは、唐物と呼ばれる宋の文物を所持することでした。自身の美意識や身分の高さを人に見せつける格好の品々―美術品が現代に残されています。珠光はそうした唐物隆盛の時代に和物と呼ばれる日本の焼き物や朝鮮の雑器を取り合わせる「侘茶」のさきがけを作りました。美術品は茶のための道具―茶道具となります。

道具は、それ自体で美的センスや精神性を発揮しないので、道具の扱いや道具を用いた交際の時空間に特別な意味が求められるようになります。ここで初めて「こころ」が出てくるわけです。茶の湯が茶道として「こころ」のあり方と結び合う瞬間です。

「心」は個人の心ではなく、他者との間に生まれた心です。神仏との間に生まれる心が「信心」です。心を保持する覚悟を説いたのが、「心の師とはなれ」という言葉ではないでしょうか。

第1章

全世代にサポートが必要になる

1 大人のひきこもりをどうしたらよいのか

社会問題としての8050

二〇一九年五月二十八日、川崎市登戸でバス待ちをしていた小学生と保護者がナイフで襲われ、二名が死亡、十八名が負傷しました。自殺した加害者には長期ひきこもりの経験がありました。同年の六月一日には、東京練馬区でひきこもりの息子による暴力に悩む父親が、息子も同じことをするのではないかと悲観して殺害しました。

この二つの事件をきっかけとしてメディアでは、中年男性のひきこもりが話題となりました。特に、前者はネット上で拡大自殺と評され、死ぬなら一人で死ねよとテレビでも発言があったことから、ひきこもっている当事者・支援者は世間の偏見や冷たい視線を感じたと言います。後者では、父親である元農林水産省事務次官が誰にも相談していなかったこともあって、ひきこもりの子どもを持つ親の孤立が注目されました。

二〇一八年に実施された内閣府の調査から推計すると、十五―六十四歳のひきこもり者数は約百十五万人、うち四十―六十四歳のひきこもり者が約六十一万人おり、十年以上ひきこもっている人は約36％、うち二十年以上が約20％とされます。

従来、ひきこもりはいじめなどの理由で学校に行けなくなった青少年の問題と考えられていました。しかし、現在は、その子たちがひきこもったまま中年期に達し、また種々の要因で離職後長期間仕事に就いていない人も増えています。少子化で若者は就職しやすいのですが、中高年の職探しは難しく、特に地方にUターンした人は苦労します。ひきこもった子どもたちが50代で、親が80代に達したのが８０５０問題です。

ところで、「ひきこもり問題」という言い方が問題ではないかという人もいます。しかし、当事者である当人たちがその状態をよしとしておらず悩み続けており、親が長期にわたる子の扶養で疲弊しています。そして、老親亡き後、行政がひきこもり者に対する生活支援や老後の介護までする必要があるという点において、社会問題なのではないでしょうか。

要因が分かれば解決できる問題か

なぜひきこもるのか。ひきこもらずやっている人はいくらでもいるではないか、という意見もあります。これは、病気になった人に心がけの悪さを説教するようなもので現実的ではありません。親や学校から、ただ勉強する子ではなく、よくできる子になってほしいとプレッシャーをかけられている子どもは多いでしょう。成績や運動能力の高い子どもたちは期待に応えることができますが、そうではない子どもたちはレールから外れた感覚を少年期から持つことになります。また、労働市場が流動化し、サービス系労働が増えた一九八〇年代後半から職務の密度やスピード感が高まり、長時間でなおかつ感情をすり減らす労働環境にストレスを募らせ、燃え尽き症候群に至ったひきこもり者が少なくないのです。

日本では、フルスペックの学習者（よい子・できる子）と労働者（正規雇用モデル）、ライフコース（結婚・子育て）があたりまえと規範化され、学校時代から内面化されます。俗に言う「七五三の法則」（小学校・中学校・高等学校において教科内容を実際に習得している生徒の割合）があっても、五割が大学に進学します。現在、非正規労働者は全体の約37％であるにもかかわらず、正規労働者をモデルとした社会保障のモデルのままです。男性の約25％、女性の約15％は生涯未婚者です。これだけ現実が変わっているにもかかわらず、依然として男性には稼ぎ手モデル、女性には家事・育児のプレッシャーがのしかかっているのです。

中途半端なままでは、家族や職場、社会に居場所がない。そう感じて、最後の安全圏として自室にひきこもった人たちがひきこもりと言われています。ひきこもってしまわないと自分が壊れてしまうという言い方には、高度自閉症スペクトラムの人たちに似た精神状態を感じます。実際、精神的障害をかかえてひきこもってしまう人もいます。

時間を掛けて行きつ戻りつしながら学校と付き合う、アルバイト的な仕事でも継続して行う、人とは違う人生を送ってもいいんだよと認める。これで最低限生活できる程度の生活保障が可能であれば、ひきこもり問題の深刻さを緩めることができるのではないでしょうか。フルスペックの人生は誰にとっても可能で、幸せなものではないのです。

タイに学ぶリトリートできる空間

ところで、私は「ひきこもり」という問題の捉え方が日本的だなと二十年近く考えてきました。私は三十年近くタイの地域調査を行ってきて、家にある程度余裕があれば（最貧困ではない）、学校が終わっても定職に就かないでぶらぶらしている青年たちや、離職・転職を繰り返し、その間しばらく家で同じくぶらぶらしている大人たちをずいぶんと見てきました。働かない夫をかかえながら、しょうがないねとたくましく働く女性は都市と農村、どの階層でも多いのです。ある意味でお気楽な男性たちは手持ちぶさたであっても人生に悲観することなく、むしろ陽気で社交的ですらあります。

タイでは中流以下だと、ひきこもる自室をそもそも持っていません。ぶらぶらしていようがいまいが、居間や外で家族や友人、地域の人たちと交流することになります。「適当な仕事がないのは時節が悪いからであって自分のせいではない。運が悪い」という割り切り方に周囲も「そうだよな」と諦めてくれます。

さらにいえば、人生に感じるものがあって出家して僧侶になれば、ぶらぶらしていた遊び人でも勤勉な人たちから尊敬される側に回るのです。脱世間、リトリート（日常生活から離れること）する者に対してタイの人たちは尊敬の念を懐き、布施で供養（扶養）をします。在家者はその見返りとしての功徳を受け取ることができるという互助的関係が、上座仏教にあるのです。

日本では僧侶が脱世間していません。戒律の遵守といったことはおきましょう。修行期間はともかく、多くの僧侶は人生の大半を寺務・檀務の仕事や付き合い、兼職に忙殺され、ゆっくりした時間が持てないでしょう。日常生活が忙しく、進学して僧侶となることや結婚（寺院の護持）など、世間の人と同様か、それ以上のプレッシャーをかけられているのではないでしょうか。まさに、日本の僧侶は出家―ひきこもりとは対照的な生き方を選択しているか、強いられているのです。

この点に自覚的でないと、僧侶がひきこもり支援に乗り出したときに、行政同様、就労や世間並みの人生を最終目標とする支援になりかねません。それではひきこもり者の心理やその人の人生における意味を十分理解したものにならないのではないかと思うのです。

社会保障としてのひきこもり支援

では、具体的にひきこもり者に対する支援はどうなっているのでしょうか。

一番必要なことは、制度間の連携と多職種による緊密な支援だと言われます。ＤＶも児童相談所と警察、社協の連携から始まりますし、ひきこもり当事者の自助グループや支援ＮＰＯもあります。ひきこもり地域支援センターの設置が二〇〇九年から全国の主な指定自治体になされ、支援人材の養成は二〇一三年から、ひきこもり支援対策の強化は二〇一八年から、厚生労働省の事業として推進されてきました。

軽々な比較文化論は慎まなければなりませんが、韓国・中国では日本と同様のひきこもり問題が拡大しつつあります。家族主義が強いフランスやイタリアでもひきこもりとでも言うべき問題はあります。それに対して個人主義が強く、成人した子どもに自立を強いる地域では、親が子の面倒を見ないのでホームレス問題が深刻化します。しかし、共倒れは避けられます。

今後、福祉の主体と対象が家族ではなく個人となれば、親の過剰な義務感や子の期待感（親の育て方への恨みなど）も薄められるでしょう。現在は、家族で対応すべきという規範意識が強いために、ひきこもりが福祉の対象として認知されづらいのですが、自分の子どもがそうなったときのことを考えれば、社会保障の対象となることに理解が進むのではないでしょうか。

お寺こそ考えられる第三の空間を

その人なりに人生を楽しむことのできる工夫をなすことが、ひきこもりの予防的意味でも回復のためにも重要です。

そこで一つ提案したいのが、レイ・オルデンバーグの「第三の空間」を持つこと、創設することです（忠平美幸訳『サードプレイス』みすず書房、二〇一三年）。第一の空間は家庭、第二の空間は職場、そして、第三の空間がコミュニティ・ライフを味わえるところとされます。

つまり、他人と接し社会の一員であることを身近に感じられる場所です。そこでは、参加者の平等性が保障され、顔なじみと会話を楽しみ、心地よさを味わえる。具体的には、カフェ、居酒屋、床屋、銭湯などですが、利害関係なく人が集まれるところを設けることができれば、そこが第三の空間となります。

高齢者支援や震災被災者支援においても、お茶を飲みながら何気ない会話ができる場、人と顔を合わせるために足を運べる場が重要であると指摘され、そういうコミュニティ・カフェが開設されてきました。親しい関係と声かけはインターネット空間で代替可能かもしれないと長らく言われてきたのですが、第三の空間の空気や雰囲気を維持するためには匿名ではない、場所や時間を共有する関係が肝となるようです。ついでに言えば、そこにはマスターやおかみさん、ソフトなリーダーシップを取る人が必要です。

この第三の空間は、困った人を支援する「駆け込み寺」や世俗権力が入り込めない聖域「アジール」とも異なります。日常の中にあってリトリートできる空間、バランスを取れる空間です。日本の寺院が、このような場の提供をめざすのもよいのではないかと思います。

私は、北海道大学で学生相談にかれこれ二十数年かかわり、ハラスメント相談にも十年近くかかわってきました。その経験から言えるのは、人には逃げ場所や少し隠れる場所が必要だということです。気分転換できる場なしで根を詰めた日常生活を送っていると、いずれストレスが暴発するか、気持ちが萎えてくるものです。自分のせいでなければ他人のせいだという人も昨今少なくありませんが、自分で対処する方法を身につけることも大人のやり方ではないでしょうか。また、それが不得手な人やまだ知らない人にはアドバイスも必要でしょう。アジールも長期間そこに居続ければ、ひきこもりにもアディクション（嗜癖）にもなります。出てこられなくなるのです。適当なところでひきあげる感覚を第三の空間で会得することも、人生の知恵と言えるのではないでしょうか。

2　寿命は延びたが人々の幸福感は増したか

奨学金滞納者と自己破産

二〇一六年六月二日と八月二十四日の二回に分けて、NHKの「クローズアップ現代」において「奨学金破産の衝撃」という番組が放映されました。家族の保証人も支払えないので本人が自己破産した例や、大学中退を余儀なくされる学生の事例が紹介されました。

日本学生支援機構は二〇一六年度で百三十二万人の学生に対して一兆九百四十四億円の奨学金（無利子奨学金はそのうちの約三割）を貸与しています。しかし延滞額が貸与額の一割にせまり、一四年度に同機構は裁判所を通じて八千四百五十九件の「支払督促申立」を行い、うち三百二十件に「強制執行」を行ったといいます。

私の周囲にこういう学生や大学院生がいます。親から経済的支援をまったく得られない学生が、月額十二万円の利息付き（年利3％）奨学金を四年間借りると、返還総額は七百七十五万円、月に三万二千円ずつ返して二十年かかります。

　向学心があるため大学院に進学し、修士課程二年間と博士課程三年間で幸いにも無利子奨学金を月十五万円ずつ借りたとします。総額は九百万円になり、これは月三万七千五百円ずつ返して二十年かかります。学部・大学院併せると月額七万円ずつの返済です。この数字だけを見ると、このくらいの借金なら返せるのではないか、家のローンで数千万円の借金をしている人はざらだよと思われるかもしれません。

　しかし一四年度の日本学生支援機構の調査によると、延滞者の職業は派遣社員やアルバイトなどの非正規社員（29％）、無職（18％）の割合が多く、年収は85％が三百万円未満です。つまり、大学を卒業しても非正規雇用となり、中年期になってもなかなか給与が上がらない世代が出てきています。二十三歳で七百万円、三十歳前で千六百万円の借金を背負って世に出て行くのです。結婚して子どもができて教育費や住宅費がかかるようになっても、二十年間、返済額は変わりません。厳しい人生の船出ではないでしょうか。

　実のところ、船出の前に大学を中退し、学歴は得られず借金だけが残る若者が少なくありません。大学・短大・専門学校の中退者は年間約十万人いますが、その二割は経済的理由からという文科省の調査があります。

　金がないのになぜ大学に行くのかと今の高校生にいうのは酷な話です。大学は勉強したい人、能力のある人、お金のある人が行く最高学府という話は二世代くらい前の話であり、日本の若者の四年制大学への進学率は約51％、短大や専門学校を入れると七割方は進学です。地域差もあるので首都圏では九割でしょう。OECD諸国の平均は62％であり、一番高いオーストラリアは96％、韓国は71％です。大学教育はユニバーサル型・生涯学習型に変わり、知的・精神的障害のある学生も受け入れているのが現状なのです。

キャンパスライフを楽しめぬ学生

私の勤務する北海道大学の学生は約半数が奨学金を借りて勉強しています。授業料は年額約五十四万円、家庭の収入で全額・半額免除になる学生も相当数います。札幌なので東京都内の約半額程度のワンルームマンションに住んで、人並みの身なりと食費を支出し、スマホなどの必要経費を合わせれば月十数万円かかるので、奨学金の他に月数万円のアルバイトをしなければ生活が成り立たないでしょう。自宅生と下宿生、仕送り額の多い少ないで学生には相当の生活格差があります。学内のカフェテリアで弁当持参、ご飯に一皿、二皿のおかずだけ買う学生の姿が普通になってきました。生協食堂の売り上げは下降の一途です。

今の学生が気の毒なのは、一九八〇年代と仕送り額がほぼ同じなのに、生活水準が上がってしまったことです。私の学生時代は六畳一間のぼろアパート（月額八千六百円）に住み、身なりを気にせず、三百円の定食で済みました。携帯電話もインターネットもありませんでした。当時、一九八〇年の国立大学授業料は年額十八万円（一九七五年は年額三万六千円）、私立大学は平均三十五万円（同十八万円）と急激に授業料が値上げされた時代でした。

私は地方出身で高校から大学院まで奨学金を借りましたが、教員になったので学部と大学院分の奨学金は勤続二十年目くらいで免除されました。大学の授業料も半額免除だったので、親の収入では下位10％に入る貧しい家庭出身だったのだと今にして思います。しかし、特段ひけめを感じることもなく、腹を空かせることもなく、山登りのクラブ生活で毎日が楽しくて仕方なかったという学生時代の記憶があります。

現在、大学の学生相談のカウンセラーからケース報告を受け、学生実態調査や各種アンケート調査等で学生・大学院生の意見を聞くと、学生の自己肯定感が思いのほか低く、大学院生も社会が要求する能力（社会的スキルやリーダーシップ、英語や専門的技能）を十分身につけないまま世の中に出ていくことに不安を抱えていることが窺えます。

学生たちは明らかに四十年前より物質的に恵まれた小ぎれいな生活を送り、大学も教育と学生支援に力を入れ、学生相談から学業・就職相談までカウンセラーと名の付く人が学内に五十人はいようかという恵まれたキャンパスライフを送っているのです。しかし、学生生活を楽しめない学生が年々増加し、生活に余裕のない学生も増えています。

学生時代を楽しむことが大切なわけ

私は学内で教育改革室という部署の仕事を担い、グローバル型人材養成、世界的な研究拠点作りといった高邁な大学目標を実現するプログラム作りに関わってきました。他方で学生時代に楽しい思い出を作ることができないまま、不安を抱えたまま、あるいは多額の借金を抱えたままで世に出ざるを得ない学生・大学院生に支援が行き届かない現状になんともいえないやりきれなさを感じます。この若者たちは、四十年以上の職業生活を送り、その後の二十年を含めた八十年から百年の人生を送ります。そこで必要なことは、若い時代に楽しめたという経験と、自分は人生を楽しめるのだという能力の確認なのではないかと思うのです。

かつて企業に勤める先輩方が、大学時代はたっぷり遊んでおけということをよくいい、大学はレジャーランドかとメディアから揶揄されましたが、大学の機能の一面を表していました。生活を楽しむ、人生に満足できるというのは、必ずしも客観的な生活の諸条件だけではなく、本人の状況を認識する能力と感覚に負うところが大なのです。

どうすれば幸福感が増していくか

ここからは、人の幸福感に影響を与える諸要因を考察する経済学を紹介します。

小塩隆士『「幸せ」の決まり方』（日本経済新聞出版社、二〇一四年）という面白い著作があります。経済学は従来、経済的富と効用（utility）の関係を考え、効用が増えることこそ、個人にとっても社会にとっても満足のいくことなのだと考えてきました。アベノミクスによる国民総生産六百兆円のフレーズを思い出してください。

ところで、効用の増加が私たちの満足度と直結しないことは技術革新を見れば簡単に理解できます。家電製品やスマホの機能はほとんど使いこなせないくらいに増えてきましたが、それらを一部しか利用しない人にとって効用の増加はたいして意味を持ちません。

大学進学率は伸び、さまざまな商品が所狭しと並び、ネットで何でも買え、宅配便でいつでも届く生活で私たちの生活満足度はどのくらい増えたでしょうか。医療技術の進歩によって日本人の寿命は延びましたが、日本人の総幸福感は増大したでしょうか。

経済的豊かさは効用を増やしますが、効用は必ずしも私たちの生活満足感や幸福感を増やさないことが分かっています。そこで、経済学でも利便性や満足度と直結すると考えられてきた効用概念に代えて、幸福感―ウェルビーイング（well-being）にほぼ置き換えられる生活満足度を扱うようになったのです。小塩氏は経済学者らしく主観的厚生と呼びます。

この書籍で興味深い論点だけ抜き出してみます。

①幸福感や健康観は、自分とよく似た集団の平均値と比較されて相対的に感じられます。隣の芝生

は青く見えるし、他人の不幸は蜜の味という御しがたい人間心理に関わります。ですから、幸福でいるために重要なことは他人との比較をやめることです。

②格差社会の報道や所得格差の現実が人々の幸福感にマイナスの影響を及ぼします。政府の格差是正に向けた政策は、その効果以上に主観的幸福感によい影響を及ぼすのです。

③夫婦間での家事負担のアンバランスは結婚満足度を押し下げます。配偶者の両親との同居や密接な関係は女性の満足度を下げます。配偶者との離死別は男性の満足度を押し下げますが、女性はそれほどではないとか、身に覚えがあるようなことも社会調査の統計分析から分かります。しかし、ここから政策的含意を引き出すことは難しいでしょうね。

④子ども時代に経験した親からの虐待や貧困状態は大人になってからの主観的幸福感にマイナスの影響を及ぼします。ですから、子ども時代にしあわせ感を味わうことが大事なのです。

⑤最初に非正規職に就くと生活満足度はその後の人生においても低くなる可能性があり、治安の悪い地域で生活すると健康感も悪化することが分かります。前者は政府の政策目標、後者は自治体と地域住民の目標として掲げていいことだと思われます。

⑥仕事上のストレスは職場の良好な人間関係があればかなりの程度軽減されるそうです。職場のストレスチェックが義務化されましたが、調査やカウンセリングの他に上司―部下、同僚の人間関係をどう形成するかが最も肝心なようです。

多くの人が幸福感を味わえる世に

ストレートにいいましょう。各種調査によれば、年収七百万円の所得まで幸福感は増大しますが、それ以上は効用と満足度・幸福感はほとんど伸びません。衣食住がある程度足りることは必要ですが、その先は人間関係、生活環境、そしてその人の人生観です。しかし、そこまで至らない若者たちが増えている現実を見据えながら、どうしたらしあわせ感をより多くの人が味わえるようになるのか考えていくことが重要ではないでしょうか。

給付型奨学金の提案は一つですが、しあわせを感じられる心構えも必要です。

3 現代人のストレスに宗教は応えられるか

現代社会メンタルヘルス

私の仕事は大学生・大学院生たちへの教育と現代宗教の研究ですが、もう一つの校務として執筆当時は北海道大学における学生支援関連の統括業務を二年間行いました。

①学生相談室長として学生たちのメンタルヘルスに気を配ること
②就学支援室長として障害を持った学生たちの教育環境を改善すること
③ハラスメント相談室長として職場・教育現場の人間関係調整を行うこと

現在は企画・経営担当の総長補佐に移動して四年目であり、ハラスメント相談室長も引き続き兼務しています。

大学の仲間にはずいぶんと仕事が多いなと驚かれ、私もそう思っているのですが、授業と校務の合間に研究で頭をリフレッシュしているような日常です。

しかし、研究をアカデミズムの最前線で行おうとすると相応のプレッシャーがかかり、調査研究、学術論文の執筆や国際学会での発表など集中力を要する時間帯もあるので、息抜きもしないと突然エネルギーがプッツンと切れることもありえます。

幸い、私はまだ放電しきった体験をしていません。それでも、集中と休息をどう組み合わせるか、何をすることが休息になるのかといったことに関心が向き、探求してみたくなるのです。それを書くことが息抜きになるのだから、変わった性分でしょうね。

「新型うつ」の背景にあるもの

朝日新聞社が出している『アエラ』という週刊誌（二〇一六年六月二十日号）に《「新型うつ」の呪縛を解け》という特集がありました。従来型うつとは、几帳面で真面目な人がストレスでさらに内向的になり、活力の欠乏、不眠、抑鬱傾向が強まる症状を指しました。重いうつは自殺に至ることがあります。それに対して、こころの風邪、誰もがかかる軽度のうつという言い方も使われるようになりました。

ところが、「新型うつ」はこれとも違って生活全般にわたる抑鬱傾向を伴いません。

学校や職場に行く直前に落ち込み、腹痛や頭痛といった身体症状も出てくるのですが、行かなくていいとなると元気が回復し、趣味や遊びにはさらに元気が増しているように見えます。病気休暇なのに遊びに出歩き、それをフェイスブックにアップして職場に露見することもあります。怠けていると批判されると、親や上司にくってかかるという他罰的傾向が強いことも理解されにくい点です。

同誌の誌面では双極性障害（躁とうつが周期的に交代する）、適応障害、対人恐怖症、不安障害といった症状が混在している非定型うつという診断が載っておりました。こうした症状に悩む若者が出てくる社会背景として、親や教師（もしくは塾教師）が先回りして、本人が自分で考え自分で取り組むべき課題を取り除いてしまうために、若者は困難に対処する体験が少ないのではないかと考えられています。

仕事は大なり小なり失敗しても差し支えない程度のものから任されていくわけで、そこで失敗しながら学んでいけば良いのです。しかし、失敗して怒られた経験がなく、そもそも失敗した経験すらないとなれば、ミスするかもしれないというのは恐怖になります。そこで処方箋としては、上司は部下に「抽象的ではなく具体的な指示を出しましょう」「できたときはほめて安心感を与えてあげましょう」となるのですが、これで若者に思考力や気働き、チャレンジする気概が身につくかどうかは定かではありません。

もちろん、今では多くの職場で若者が育つのを待っておれず、仕事の手順を相当にマニュアル化しており、その典型がファストフード店の接客対応になります。「仕事のマクドナルド化」といわれていますが、その裏面は雇用の非正規化です。望ましいことではありません。

うつや自殺は貧困ゆえなのか

『アエラ』の特集に一つ気になる《からだを売ることを考えてしまいます―貧困がうつを生む》という記事がありました。六十五歳以上の高齢者世帯において年収と抑鬱傾向を見ると、低収入の人ほど抑鬱傾向が強く、低所得の人ほど趣味もなく家にこもりやすく、運動もしないのでうつの危険因子が高いというのです。

この傾向はどの世代にもいえるという研究者のコメントに続けて、シングルマザーでうつになったケースが三例（見出しは女性一人のコメント）ほど紹介され、貧困と格差の解消がうつの対策と結ばれていました。

私は次のような疑問を持ちました。

①基礎年金しか受給できない農家や自営業世帯はサラリーマン世帯よりうつが多いといえるか。

②夫のＤＶ、離婚という経緯と離婚後のぎりぎりの生活のどちらがメンタルな面に影響したのだろうか。

③一定以上の所得があれば、高齢者のみならずどの世代においても、本人の健康状態、家族関係や近隣・友人との関係の方がメンタルヘルスに、より強い効果を持つというのが既存の研究成果ですが、年収と抑鬱傾向の直接的な関連を過度に強調するのは妥当でしょうか。

実は、この調査をした予防医学の専門家は「うつを減らすには、話を聞いたり支えたりする周りの人々によるサポートが大切だ」と言っているのですが、記事は所得保障や社会保障を国に求めるところに結論づけようとしています。

もう一つの興味深い記事は、日本の都道府県ごとの自殺率（人口十万人あたりの自殺者数）の推移を示した上で、自殺率上位の県はフル規格の新幹線整備が遅れるか、ない地域に多く、経済的基盤、失業率の問題に関連するのではないかという研究者の指摘に焦点を当てています。ある意味でわかりやすく、田中角栄元首相が指摘しそうな論法ですが、上位十県で新幹線が通っていないのは三県のみです。しかも、自殺率が最も高い秋田県は「うつ病の早期発見・早期治療のネットワーク作り、相談体制の充実、予防意識の啓発、コミュニティ作り」で自殺率を半減させたとの事実が述べられています。

この記事でも疑問に思ったことは、なぜ見出しが《自殺率格差生む新幹線仮説―経済・福祉政策で自殺を減らす》となるのかということです。おそらく編集部デスクの判断として、うつや自殺の問題は政府の経済・社会保障政策と関連している、もしくは関連させるべきだという前提で記事が構成されていると思われます。しかし、実際には、政府による地方交付税交付金や公共事業、整備新幹線以上に、メンタルヘルスや自殺予防に関わる取り組みの方が何倍も効果を上げているのです。

メンタルヘルスに関して基本的なことをおさえ、具体的にどうしたら抑鬱傾向が軽減されるのか、実効性のある実践が紹介されるべきだと考えた次第です。私たちの社会は様々なストレスが満ちあふれているのですが、どのようにストレスに対応していったらいいのでしょうか。

ストレス対処に仏教を生かす

二〇一六年六月十八日、十九日にNHKスペシャルで「キラーストレス」が特集されました。

第一回では《ストレスが人の体に「ストレスホルモン」の暴走を引き起こし、脳細胞や血管を破壊して、人を死に追い込む》ことがあること、二回目は最新の脳科学で明らかにされた予防法として、①笑い、②運動、③コーピング、④瞑想とマインドフルネスの紹介がなされました。啓蒙的な番組です。

笑いは緊張を和らげ、ユーモアのセンスは自分の人生を客観視し、余裕を持つことができます。ですから、毎日笑えることがあればいいのですが、自分でネタを探すことも必要かもしれません。私は仕事が混んでくると落語を寝る前に聞くことにしています。

運動も我が意を得たりというところですが、健康のために運動をする以上に、身体を動かすことに専心することでストレスホルモンであるコルチゾールの脳内蓄積が防げるということでした。私は万歩計をつけて通勤で一日六キロを歩くことにしています。

コーピング（coping）という言葉は目新しいかもしれません。簡単にいえば、気晴らしです。番組では自分にどのような気晴らしの方法があるかリスト化し、ストレスの種類や程度に応じて気晴らし方法を変えてみるということでした。趣味・音楽鑑賞・テレビ視聴、何でもいいわけです。

しかし、欧米の研究では、「コーピングの有力な手助けは教会で提供される」というのがほぼ定説化しています。宗教的価値観（神への信頼、委ね）と規則正しい教会生活（日曜礼拝や教会行事の出席）、教会内人間関係（信頼できる友人と頼りになる宗教者や先輩との出会いなど）は、喪失体験やネガティブな感情に対応する有力なサポートになるというのです。日本でも宗教者や宗教施設において同じようなことがあるのではないでしょうか。

瞑想やマインドフルネスには、禅、坐ることと祈ること、声明、読経、写経など仏教的実践に数多く例があります。

ストレスやトラウマによる心の痛み（心的外傷後ストレス障害）は、思い出すこと（フラッシュバック）と将来を悲観すること（希望を失う）によって増幅されるということです。瞑想とマインドフルネスは、意識を今、ここに集中することによって、過去・未来という不在のものに対する心の囚われを解き放つことに意義があるのではないかと私は考えております。

ストレス対処法の主要な四つの方法のうち、二つは宗教に豊富な経験があります。行《ぎょう》を運動と考えれば三つ。笑いも含まれる局面があるでしょう。現代仏教がストレス社会を生き抜く処方箋を出す好位置にあるのではないかと思いますが、いかがでしょうか。

4　誰にもある共感というスピリチュアリティ

スピリチュアルケア学会で

二〇一八年九月二十九日から二日間、札幌の藤女子大学において第十一回日本スピリチュアルケア学会大会が開催されました。約二百五十名の会員が参加し、実行委員・ボランティア併せると三百四十名がこの会に集いました。

スピリチュアルケア学会では、「すべての人びとがスピリチュアリティを有しているという認識に基づき、スピリチュアルケアの学術的・学際的研究およびその発表と実践とを通して、スピリチュアルケアを含む全人格的なケアが社会のあらゆる場面で実践されるよう推進する」ことを理念としています。

ここに宗教性とは異なる位相にあるスピリチュアリティ（spirituality）の定義が示されています。宗教性は信仰や宗教文化の保持により、宗教的／非宗教的の区別が生じます。しかし、スピリチュアリティは誰にでもあるというのです。近年、医療・教育・福祉において「いのち」や「人格」と関わる専門職の人たちが、スピリチュアリティを意識しています。健やかさや人の成長、暮らしにはスピリチュアルな次元があり、それが危機的状況にあるほど強く意識されると言います。スピリチュアル・ペイン（痛み）です。

病者になることは、健康を失うことにとどまらず、家族や職場、地域や趣味などで果たしていたその人の役割や人間関係が一時的か、場合によっては永続的に失われることにつながります。子どもから老人までどんな人でもその人なりの場所と役割を持って、生きがいや生活の張り、喜びとしているのです。

その痛みに気づき、共感することがスピリチュアルケアの最初であり、最終段階であるかもしれません。死の臨床に携わる医療者は、緩和ケアにおいてスピリチュアル・ペインへの対処に苦慮しています。スピリチュアルケア学会設立にはこのような状況があり、宗教者にもケアを担ってもらおうという動きが臨床宗教師やスピリチュアルケア師という専門職創設の背景にあるのです。

私はスピリチュアルケア学会の会員ではないのですが、大会長の藤井義博先生の依頼を受けて「科学、アート、スピリチュアリティ」というシンポジウムを企画しました。そこで三人の先生方からスピリチュアルケアを考える視点と実践例を伺いました。

スピリチュアルケアではその人の語りを伺う傾聴が重視されます。身体的動作・言語を媒介として相互交流が生まれ、それがケアと考えられているわけです。しかしながら、私たちの日常的な動作や言語、自明な世界を共有されていない方に対するスピリチュアルケアはどうしたらよいのでしょうか。

認知症高齢者のスピリチュアリティ

日本において認知症高齢者の数は二〇一二年で四百六十二万人と推計されており、二〇二五年には約七百万人、六十五歳以上の高齢者の約五人に一人に達すると考えられています（厚生労働省「認知症施策推進総合戦略」）。

しかし、有料老人ホーム、認知症高齢者グループホーム、特別養護老人ホームを併せた総定員は約百万人であり、認知症対応型サービス付き高齢者向け住宅を併せてもまったく必要数に足りません。認知症高齢者の方は家族と同居か、独居の方が圧倒的に多いのです。

認知症（アルツハイマー病他）と認知機能の老化（物忘れ）は異なりますが、八十五歳以上では約半数の高齢者で認知症的状態が出現するとされます。発病から記憶障害が重くなるまでの期間、当事者と家族のとまどいや苦悩が続きます。その後、意識と身体の衰弱が長期間にわたって継続し、終末期を穏やかに迎えるとされます。長寿者の半数が経験する認知症になった方のスピリチュアリティやスピリチュアルケアとはどのようなものになるのでしょうか。

東北大学大学院文学研究科実践宗教学寄附講座の大村哲夫先生に「穏やかで美しい看取り―生から

死への移行としての認知症」と題して、先生が四年間にわたり百六十一回の面談を行った男性の語りのエピソードを紹介していただきました。

妻を亡くして特別養護老人ホームに入居していた八十代男性は、大村先生の訪問を受けて幼少時の思い出や人生の来歴を語り、海軍士官時代を語った日には背筋を伸ばし、「こんなものしか出せません」と言って職員にお茶を入れさせたと言います。別の施設に移動し、症状が進んで傾眠の時が多くなりますが、先生の声かけに反応して人生の一コマ一コマを時間の前後関係なく因果的つながりもなく、その都度語り出したそうです。危篤の時期が近づくと、夢うつつの状態で死者が頻繁に出てくると語り、お迎えを待つ心境を断片的に話されます。その後、穏やかに誤嚥性肺炎で死去されました。

認知症高齢者は、

①不要な記憶を失い、大切な記憶だけで生きる純化された境地（見方によって記憶障害）に至り、

②生の世界と死の世界を行き来することで死の恐怖が薄れて、死の受容が進む（「お迎え」の語り）のではないか

というのが大村先生のまとめでした。

いわば、老いの仕上げとして死があるならば、認知症は病気というより平穏死に至るゆるやかな心的過程ではないかともいいます。本人や家族が「ぼけた」と現実的に対応すると不安が増し、種々の問題行動が起きますが、本人の心的世界に関心を持ち、じっくり聞いていくと安心するのだそうです。

こうして数年にわたる傾聴がスピリチュアルケアになったわけです。

統合失調症者のスピリチュアリティ

青年期に発病し、慢性期と急性期を繰り返して幻聴や幻覚に悩まされる精神疾患が統合失調症であり、人口の１％弱が有病者であるとされます。抗精神病薬と作業療法などの治療があります。このシンポジウムでは、天使大学看護学科の重岡妙先生に「精神病患者とのアート（集団描画法）を通した関わりから」というタイトルで、精神科病院の閉鎖病棟内で女性グループに対して行われた生活技能訓練を紹介していただきました。

数名の患者さんが模造紙を置いた机の周囲に座り、四角で区切られた空間に順番で線を引き、いびつな四角の枠をどんどん作っていきます。好きなエリアに好きな色を塗って完成させ、最後に作品の題名を付けるという一時間程度の作業です。

線を描く、色を塗るといった遊びを初めは一人で、後に共同で行いながら自己表現をしていきます。ルールをもって一緒に遊ぶという行為によって、他者との共同作業や適切な会話が少しずつ育まれていった可能性を重岡先生は指摘しました。

ステンドグラスのような作品やクレーの抽象画を思わせる線描と色彩の絵など、芸術性豊かな作品が紹介され、参加者たちは鮮やかな色使いや造形力に目を奪われました。長い人では三十年近く閉鎖病棟で暮らしてきた人たちの自己表現に感じるものがあったのです。
精神を病んだ人（統合失調症の患者さん）の既成概念を超えた精神性に触れたとき、これらの作品群はその人たちのスピリチュアリティを示しているのではないか、その産婆役を務めた重岡先生の実践はスピリチュアルケアではなかったのかとも思えました。

発達障害者のスピリチュアリティ

学童期から青年期にかけて周囲から指摘を受けて理解が進む精神状態に広汎性発達障害があります。学力は一定以上でも対人関係や社会適応が極端に不得手な学生の場合、この障害を持つ人が多いのです。

三人目のシンポジストとしてお呼びした北海道教育大学障害児教育講座の齊藤真善先生に「自閉症スペクトラム障害の内的世界について」として、当事者による障害の語りを科学的に裏付ける実験成果について説明してもらいました。

自閉症の方は視覚や聴覚が鋭敏すぎ、目や耳から入った情報に重要・重要でないの濃淡を付けて取捨選択することができないために情報の海で溺れかけてしまいます。だから、自らが処理可能な情報量に感覚刺激を制限する（自閉）のだそうです。よく木を見て森を見ないという言い方がなされますが、一般の人には新緑の森の心地よさと感じられる眺めが、自閉症者には一本一本の樹木の枝葉や樹皮までがすべて８Ｋテレビ画面として迫ってくるような状況なのだそうです。

さらに、会話の流れや表情の変化には情報量が多すぎてついていけず、自閉症者は融通が利かない性格とみなされるのです。しかし、情報の記憶や解析力に優れ、審美的な能力や独創性に優れているので芸術家や作家、学者として優れた業績を上げる人がいることも確かです。

齊藤先生は当事者と一回あたり数時間に及ぶ会話を繰り返して、自閉症者にわかりやすい順序立てた会話の方法を考案されました。齊藤先生の研究方法は科学そのものですが、自閉症者の内面的世界への深い洞察は、自閉症者自らが自己の内面的世界に深い洞察を有しているはずだという強い信念と、共感的世界を構築するまでの長期にわたる持続的関わりなしにはありえませんでした。自閉症者の自己洞察自体がスピリチュアリティを持っておりますし、その中身を非自閉症者にわかるよう科学的説明を加えられたことに聴衆一同、深い感銘を覚えずにはいられませんでした。

齊藤先生もまた、自閉症者の同伴者として相互理解の地平を拡大することでケアラーとしての役割を果たしてこられたのではないかと思いました。

科学・アート・スピリチュアリティ

私たちはすべての人にスピリチュアリティがあるというとき、いわゆる「健常者」を前提に、言語として表現された言葉と世界観をもとにスピリチュアリティを考察しています。

しかしながら、人の生老病死を前提にすれば、「老い」「病んだ」状態におけるスピリチュアリティもあるわけだし、平均的な感性や認知、思考とは異なるやり方で生きる人たちのスピリチュアリティもあるはずです。

そうした人々の所作や言葉の端々を手がかりにしながら、アートや科学を媒介に関わり合いを継続し、共感的世界や相互理解の地平を生み出してきた実践こそ、まさしくスピリチュアルケアであったと考えられます。

認知症、統合失調症、発達障害といった「病い」と「患者」のフィルターをかけずに他者に接した時間と、人格的交わりの空間にスピリチュアリティは顕れたとも言えましょう。科学・アート・スピリチュアリティがどこで交わるのかという問いには、人類が類人猿から進化する過程で身につけた「こころ」の能力と答えておきます。

5　全世代に心のケアが必要な時代になった

大学メンタルヘルスの時代

二〇一九年十一月十七日から三日間、東京国際フォーラム会場にて全国学生相談研修会が開催され、大学のハラスメント相談室長をしている私は、ハラスメント分科会で話題提供をしたり、臨床心理に関わる講義を受講したりしました。時々、こういう集まりに出ると頭も気分もリフレッシュします。

昨今、大学の学生相談は青年期特有の悩み（将来の進路や人間関係など）に応じることに加え、発達障害や精神的疾病を抱える学生への対応が大きな業務になってきました。大学教育が大衆化の段階（進学率30―40％）から誰でも入学の段階（50―60％）になって、小中高の先生方が経験する問題がそのまま大学に持ち上がります。

しかし大学は「自主的な」「大人の」学習者に専門的知識を教授するという建前があり、親元から離れて暮らす学生も少なくないために、指導が行き届かないのが現状です。従来から進級、就活、卒業という段階で十人に一人は留年していましたが、私の実感では、現在五人に一人くらいがメンタル的な支援をした方がいいような状況です。

もちろん、二万人の二割の相談を学生相談室がすべて引き受けるとパンクするので、かなりの程度、事務職員の窓口対応や教員の対応が必要になります。そこで上述のような研修会に何千人の単位で相談に関わる教職員が参加することになるのです。

私は学生・大学院生のみならず、大学組織で働く教職員もかなりの程度メンタルヘルス上の問題を抱えており、十人に一人くらいは仕事の仕方に配慮が必要な状況にあるのではないかと推測しています。こういうことはどこの職場にも見られるのではないでしょうか。

すべての人生設計にケアがいるわけ

現代は、ＡＩによって仕事が奪われる可能性が喧伝されるように社会の変化がめまぐるしく、仕事上のストレスは増加するばかりです。現代人がストレスに弱くなっているとも言われますが、そうではないでしょう。高度経済成長の時代に確立された年功序列や終身雇用は事実上崩壊し、十年先が見えて働いている人はほとんどいません。

こういう時代なので若者も不安を抱え、現状維持が当面の望みということで政治的には保守化し、結婚しづらく、子育て支援も不足しているということから、少子化に歯止めがかからないという状況が生まれました。

少子高齢化・長寿化の人口変動は、壮年期・高齢期の生き方にも大きな影響を与えています。具体的には親の介護問題が中高年最大の懸案であり、長寿化は自身の健康問題や老後資金枯渇の課題を生み出しています。

人生の諸段階における発達課題とケア

人生の諸段階	発達課題	支援・ケア
発育期・青年期	成長・学習	教育・療育
壮年期	労働・家族形成	就業・子育て
高齢期	介護・健康維持	医療・介護支援
終末期	人生の総括	医療・スピリチュアル・ケア

医療・年金を、高等教育並みに誰でも十分に受けられるようにするには、消費税を20％程度に上げ、社会保障費を掛け金だけでなく税金で大幅に拡充するしかないのです。

しかし、日本は高負担高福祉の選択をせず、医療・介護にはそれぞれが応分の負担をし、負担しきれない人に行政支援がなされているのですが、限界が近づいています。

このような時代において、私たちは人生の諸段階において上の表のような発達課題をかかえるようになりました。しかも、青年期の学習期間が大学院も含めれば三十歳くらいまで延び、壮年期も老後レスの時代と言われるくらい労働期間が七十代に延びようとしています。

兄弟姉妹で分担していた親の介護は子ども数減少のために誰もが担うものとなり、老老介護も必須でしょう。高齢期の家族ケアの期間も八十代まで延びています。そうしてようやく人生の最終段階を九十歳前後で迎えようとしているのが現代の日本人なのです。

人生の発達課題を本人や家族だけで担えるでしょうか。およそ考えるだけでも気が遠くなりますね。だからこその福祉や社会保障制度なのですが、自分が必要とするまで行政や専門家だけにお任せになりがちです。必要に迫られ、ボランティアなどしてみることで、ようやく支援やケア労働に従事している人たちが対価的に必ずしも報われていないことが分かってきます。本当に必要な仕事に従事する人たちが離職せずに済むよう、真剣に考えていかないと、日本人の人生設計はまったくなり立たなくなるのではないでしょうか。

スピリチュアルケアにある問題

私は宗教的ケアからスピリチュアルケアということで人生の最終段階にある方々へのケアに宗教者が加わっている現状を近年研究していますが、二つの課題を考えております。一つは、終末期医療や緩和ケアにスピリチュアルケアの概念と実践が持ち込まれたことを大きく評価したい一方で、死に対するケアが焦点化されすぎではないかと考えています。

もう一つは、スピリチュアルケアというのは、本来、人生の諸段階ごとにあるものではないかということです。

発達期・青年期であれば、誰しも覚えがあると思いますが、自我の確立です。私は誰か、どういう人間になりたいのか、本当に他者と理解し合えるのだろうか、などと真剣に考える時期です。教育の核心には、知識や技術を伝えることの基礎として、自己理解と他者理解、社会の共同性を理解するといったスピリチュアルな次元があるのではないでしょうか。

壮年期では、仕事を通して自己実現を図る、他者とつながることが人生そのものですし、この時期、自分の家族を形成することで、生物学的に文化的に次世代を作り上げるという大仕事があります。ですから、仕事と家族がこの時期のスピリチュアリティの核心にあります。

高齢期から人生の最終段階は一つながりのものであり、生活の糧を得るための労働とはひと味違った仕事を継続し、先に逝く世代や配偶者のケアによって人生そのものを見つめ直す時期でもあります。人との関わり合いの中でどう自分らしさを保持できるのかが、スピリチュアリティを構成する大きな要素となります。

学校の教師や職場の上司（メンター）、家族や近隣の人々も広い意味では、スピリチュアルケアの担い手であり、宗教家や一部のスピリチュアルケアのカウンセラーだけがスピリチュアルケアを行っているのではないと私は考えています。しかし、なにぶん、教師であれベテランの職業人であれ、いつも適切な指導ができるわけではないし、とりわけ、家族は直接感情をぶつけ合うことが多いために、なかなかケアできていないことも事実です。

ポジティブ心理学とコーチングで

私は先の研修会でポジティブ心理学の概要と導入を研修してきたのですが、なかなか興味深いものでした。

ポジティブ心理学とは、ウェルビーイング研究でも高名なマーティン・セリグマンが唱えたものです（宇野カオリ訳『ポジティブ心理学の挑戦』ディスカヴァー・トゥエンティワン、二〇一四年）。幸せ感の感情的側面としてポジティブな心理状態や生活態度を持続するにはどうしたらよいのか。軽いうつ状態と診断されたとき、治療薬やカウンセリングだけで症状を緩和しても、治癒という段階までどのようにして持っていけるのか、を問うています。

ストレスに対する生体反応としてうつ的症状や適応障害が現れます。しかし、職業生活や家族生活、世の中で生きていく以上、種々のストレスから完全に逃れることはできません。そうであれば、ストレス耐性を上げるべく気分転換を効果的に行い、打たれ強いこころ（レジリアンス）を身につけたらよいのではないかと言います。

ポジティブ心理学では、自己の成長や仕事を達成した感覚、他者との関係で感謝の念を持つこと、好きなことに没頭するフロー体験や親しい人との感情的交流で味わえる幸福感などを人生において積極的に求めていくべきではないかと考えます。癒やされるのを求めるより、自己治癒の方法を会得しなさいというわけです。

私は、この本をあらかじめ読んでいたのですが、ウェルビーイングの研究として理解しており、コーチングの理論的支柱となっているポジティブ心理学とはあまり意識しておりませんでした。ところが、研修ではその関連を詳しく説明され、認識が深まった次第です。

コーチングはスポーツやビジネスでの利用が多く、運動経験者や実業人がコーチとなっているのが日本の現状です。しかし、欧米では日常生活におけるコーチングもかなり盛んで、健康な個人を対象とし、成人の学習や心理学を基礎として個人のウェルビーイングや職業のパフォーマンスを高めるために利用されているとのことです。メンタルヘルス上、疾患に関わる状態は精神科医やカウンセラーに、発達に関わる事柄はコーチにという役割分担です。

どのようなコーチングがいいのか

コーチングの肝は、小さな成功体験やポジティブな感情を持てた経験を意識化し、具体的な目標達成を導くことにあるようです。ＳＭＡＲＴ（賢明）な目標設定をその人に適した形で少しずつ与えられる人が名コーチとなります。

ＳＭＡＲＴとは、Ｓ（Specific 具体的）、Ｍ（Measurable 測定可能）、Ａ（Agreed 納得してやる）、Ｒ（Realistic 現実的）、Ｔ（Timed 期限付）の略です。

学問の先生や修業を課す師匠でも、実はそのような導き方をする人が少なくないと思われます。目標は高過ぎても抽象的過ぎても、指導される人の実践にはなかなか結びつきません。

もう一つ、コーチングの勘所として聞いたことは、対象者が答えを自分の内に持っており、その人自身の力で成長していけるという理論の核心でした。専門家が教え、導くのではないと。そのうえで、対象者からポジティブな経験を聞き出せるよう、ポジティブな質問を出せることがコーチの能力なのだと。

教員として何でも予め説明してしまう私は、大いに反省させられました。的確な質問を出すこと。このメソッドをアクティブ・リスニングといい、日本では、「傾聴」と訳しているのです。

誰もが自身で試みられ、人を幸せ＝ポジティブにできるポジティブ心理学。世俗化された宗教ではないかと思いました。つまり、伝統的に人間の成長をうながす修学と修行、精神性や宗教性の発達が、なぜ教育者や宗教者の手から離れたのか、その理由を反省してみたいものです。

6 誰にもサポートが求められる社会のゆくえ

卒論が書けない大学生に

私は文学部で教えているのですが、近年、卒業論文に行き詰まる学生が見受けられるようになってきました。熱心に勉強しているのですが、自分の言葉で文章を書くとなると、手が止まって先に進めないというのです。

文学部の学生だから読書好き、文章は手早く書けるだろうというのは二昔くらい前の学生像です。昨今の大学生は新聞を読みませんし、教科書以外に月に一冊も本を読まない学生が珍しくありません。情報はスマホ検索です。

私が出会った学生は抜群の記憶力があり、教科書に書かれていることはスキャンでもしたかのように頭の中にストンと記憶されるのだそうです。学校の勉強や入試に強いわけです。大学の一般教養や学部の授業もこのやり方で通せますが、卒論で躓きます。

社会学教室の卒論は、社会調査が義務づけられています。自分で課題を設定し、既存の資料やデータを探して分析するか、対象者に面接調査をして話を聞き出し、自分なりのストーリーでまとめなければなりません。答えが決まっているわけでもないし、何かを覚えて書き写せばいいわけでもありません。対象者の語りや事例を元に自分の構想や理屈でストーリーを構成し、文章を紡ぎ出すという根気の要る作業が続きます。

こうした裁量の度合いが高く、自律性が求められる作業を苦手とする学生が増えており、放っておけば留年を繰り返すことになります。おそらく、卒論のない法経学部なら難なくスルーできるかもしれません。しかし、いずれ定型的ではない仕事を任せられたときにパタッと手が止まることでしょう。私はこういう学生に、①仕事の全体像が最初から見えなくとも心配せず、②できる部分から作業を積み上げていってパーツを作り、③組み立ては最終工程にしなさいと指導します。

そして、毎週一回課題を出し、パーツとなるメモや文章を書かせ、説明させ、手直しをする十五分程度の個人指導を数カ月やります。さすがにここまでやれば、どんな学生でも論文の要領をつかみ、文章を書く苦手意識が克服され、卒論の体裁が整います。ただし、ここまで面倒を見るのは一年に一人が限界です。

これは教授法というよりもコーチングですね。オーダーメイド型の教育です。このような学習サポートが実は一般教育で既に実施され、私が勤務する北海道大学では学習サポートセンターを設け、数名の博士号を取得した学術研究員が、語学、数学、物理、化学の科目で年間延べ二千人くらいに対応しているのです。

能力差とは学習機会の有無にある

勉学に限らず、運動においてもしかるべきコーチングを受けられれば、泳げない人が泳げるようになり、ラケット競技でもそれなりにできるようになります。こう考えると、生来何かが苦手とか、できないとみなされていることは、できるように教えてもらっていなかっただけということも言えそうです。

そこで、はたと気づくのは、頭がいいとか運動神経がいいという言い方を私たちはしてしまうのですが、それは間違いで、遺伝的能力をどれだけ開花させられるか、その学習機会のある、なしの差が能力差のように見えるだけではないかということです。しかし、誰にでも有能なコーチがつけられるわけではありません。

小中高の授業では三十人前後の生徒に一人の先生です。大学の一般講義では数十人から数百人に一人の教員です。演習や実験の指導でも十数人に一人です。これではコーチングになりません。

現状は、自己学習能力が高い、ひとこと言えば足りるような子どもたちだけが能力を発揮しているのです。お金に余裕のある家庭では子どもを塾に通わせ、準コーチングで補完します。

結果的に、一斉授業が合っていない子どもたちは落ちこぼれにされたり、運動嫌いになったりしますが、能力を発揮する機会を逸しているだけとも言えます。

仮に、学校教育においてコーチングの発想と教育人材が豊富に投入されれば、おそらく信じがたい学力の底上げやスポーツの裾野の拡大が見られるでしょう。もちろん、能力の方向やレベルの差はあり、誰もが頭の中で立体画像を自由に転回させられるわけではなく、百メートルを十二秒で走れるわけでもないでしょう。もって生まれた才能やセンス、身体能力はあります。しかし、「できる」と「できない」の間は相対的なもので、程度問題はあってもだいたいがそれなりにできるようにはなるのです。

大学入試などは能力の適正な評価を目的にしていますが、家庭や経済環境に基づく機会の寄与率を割り引いて能力評価をしているわけではありません。

「できる」学生の学力は、かなりの程度、親や進学校の教育方針で作られたものであり、偏差値の高い大学ほど親の年収が高いという傾向が出てくるわけです。

私たちは誰もが機会の不平等は望ましくないと考えています。ただし、能力に応じた評価や社会的処遇については納得せざるを得ないと思っています。その能力は本人の才能と努力する意欲のたまものと信じています。しかしながら、能力形成や能力発揮の諸段階において機会の差がいかに大きいのか、冷静に考えてみてもよいのではないでしょうか。

二〇二〇年四月開始の大学授業料の無償化がわかりやすいのですが、親の経済力が進学の障壁にならないようにする政策です。しかし、これでは遅いですね。近年、私の学生がボランティアをやっている小中生への無料塾のような仕組みが、まず必要な機会の提供になります。

この発想をどんどん広げていくと、人や社会に対する見方も変わってくるのです。

障害もハンディにならぬ時代に

二〇一六年から施行された障害者差別解消法では、障害を理由とする「不当な差別的取り扱いの禁止」と「合理的配慮の提供」を定めています。障害は個人の身体や精神の機能不全という医学的見方から、障害とは社会的障壁によって実体化されたのだという見方への転換があります。

たとえば、聴覚障害があっても、音声が文字に変換されるノートテークのサービスや機器さえあれば、聞こえないことはハンディにはなりません。視覚障害者には逆に文字資料を音声化すればよいだけのことです。車椅子移動者はエレベーターやスロープを利用し、認知的・精神的ハンディを抱えている人でも適切な指導や介助があれば、学生生活が可能です。現に、北海道大学ではアクセシビリティ・センターを設け、年間六十名近くのハンディを抱えた学生のサポートをしています。これらが合理的配慮の実例です。

日本の大学はユニバーサル化の時代に入っており、誰もが望めば入れるところになっております。

障害を持つ学生の受け入れは必然です。そうすると、一律の入試方法もおそらくは見直しが必要となるでしょう。実際、障害を持つ学生には試験時間の延長やパソコンでのタイプ解答も認められています。

学習障害（LD：Learning Disabilities）の一つにディスレクシア（dyslexia）があり、知的能力に問題がないにもかかわらず、文字表記の認知や理解に困難を抱える人がいます。あるいは、読める（発音できる）が、中身が頭に入ってこないということもあります。これは計算能力に関してもあるようですね。これらの局所的なハンディを補助的な装置で補うことができれば、障害があっても「できない子」ではなくなるのです。

認知症でも老いを楽しめる社会に

できる人でもできない人に必然的に移行するのが老いです。「年だから」と身体機能の低下は口実にも冗談にもなりますが、認知機能の低下はまったく笑えません。なぜなら、自分が自分でなくなると信じられているからです。

認知症の特徴としては、

①昔のことは覚えており、身体で覚えた所作はできるのですが、記銘力の顕著な低下があります。

直前のことを覚えていられないので繰り返しの言動が出てきます。

②見当識にも障害が出てきて、ここがどこなのか、今がいつなのか、目の前の人が誰なのか、が分からなくなります（佐藤眞一『認知症の人の心の中はどうなっているのか？』光文社、二〇一八年）。

私は自分の父親が倒れる前に、時々、不審そうな顔つきで周囲を見渡していたことを覚えています。

父親は誤嚥性肺炎で入院し、麻酔から覚めた後身体の自由を失い、経鼻栄養だけで二年間命をつなぎましたが、肺炎にならなくとも、ゆるやかに認知症が進行していったと考えられます。心の内を母親にも子どもにも話さなかったのですが、退職後二十年間日課としていた図書館通いをやめてから、次第に言葉が出てこなくなり、身体を動かすのも億劫そうでした。

認知症は先送りできても、ならないわけにはいかない長寿のおまけかもしれません。そんなおまけなら要らないよと言うなら、長寿も要らないということになります。寿命が延びたから認知症になる人が増えただけのことです。その数、二〇二五年には約七百万人と言われています。

認知症研究の第一人者であった長谷川和夫先生は、八十八歳の時に認知症の診断を受け、それを公表して、現在もデイケアに通う傍ら、認知症啓発の講演や著作を精力的に続けています。長谷川先生が言うには、認知症になる前となった後の自分ではそれほど大きな違いはなく、一日のうちでも症状の波があるということを語られています。そして、認知症の本質は、日常生活が不自由になるという暮らしの障害なので、周囲が支えて日常生活を継続できれば、不安が取り除かれ、心配なく生活できると言います（「認知症と共に生きる社会」M-Review: https://med.m-review.co.jp/）。

認知症を長寿の必然として捉え、徐々に進行するのだから、なってもならなくとも最期の時まで本人も家族もポジティブな気持ちで生活しようと勧める地域医療の専門家も、長谷川先生と同じことを言います（山口晴保『認知症ポジティブ！』協同医書出版社、二〇一九年）。人が変わるわけではない。その人なりに役に立ちたいと願っていると。

人生百年時代とは、みんなが元気なままで百歳を迎える時代のことではありません。

学ぶのが不得手でも、障害があっても、認知症になっても、支え手を得て、学び、働き、老いを楽しめる社会のことです。老病死に向き合う仏教としてはまさしく出番だと思います。

僧侶の方は長寿者が多いと思われますが、老い、病み、死に向かう際の心の変化を語ってくれないでしょうか。立派な覚悟よりも、ありのままの心境です。現代人の道しるべになります。

第2章

超高齢社会の幸福と不幸

1

何に学ぶか老後レスを生きる知恵と覚悟

「老後レス」時代とは何か

朝日新聞が二〇一九年十一月に四回ほど、「老後レスの時代」という特集を組みました。その意味は、定年後悠々自適の年金生活に入るという勤め人の余生モデルが、日本人を代表する生き方ではなくなっているということです。

安倍政権が七十歳までの雇用継続を企業の努力義務とし、高齢世代の社会保障費を圧縮しようとしていますが、既に中小企業は人手不足対応として事実上定年をなくしているところが少なくありません。農林漁業や自営業の人たちは、もとより身体が動くうちは働き続けています。老後の二千万円を心配するよりは、可能な限り働き続ける工夫をした方が、自身の健康や生活の張りにもなります。

実際、この二十年間で寿命が延びただけでなく、かつての六十五歳の方の体力は現在の七十五歳相当という研究もあります。身体的に十歳若くなっているのであれば、高齢者の定義を六十五歳から七十歳や七十五歳にして、身体に負担のかからない程度の仕事をしながら、医療・年金の制度を支える側に回れないかと考えます。

団塊の世代とそれに続く私の世代（現在の五十代から七十代前半）は経済成長期のおかげで正規雇用や給与に恵まれました。それに対して四十代以下は就職氷河期を経験し、非正規雇用や上がらない給与で苦労しています。今の中高年が若者世代におんぶされるわけにはいかないでしょう。

さらに、六十歳以降の働き方は元の職場での定年延長や再雇用（福祉的雇用）に甘んじる（依存する）のではなく、自営業主のように頭を使って自身の能力と経験から価値を生み出すことが求められます。大企業や公務員で定年まで働く人は管理職でやめる人が多いと思われますが、転勤続きで地域に足場がない、働きずくめでセカンドライフを考える暇もないなど、一人になった時におよそ役に立たない人になりがちです。それよりも、小さく仕事をして職域や地域、家族に目配りしていた人の方が、働く場を作る工夫、地域で健康に生活して人生を楽しむ工夫がうまくできそうな気がします。

仕事をするなら東京、寄らば大樹の陰といった職業観は近視眼的であり、長期的には能力をスポイルする働き方かもしれません。ところが、大部分の学生の就職観も、親世代が名刺の肩書きを気にする価値観もまた、職業的ピンコロ（ピンピンコロリ）の発想なのです。つまり、定年までバリバリ働き、それで職業人生は終わりという働き方ですが、現実にはそうではなく、ゆるやかに働き方をまとめる最後の十年がひかえているのです。

私はあと一年で還暦となりますが、周囲を見渡してもセカンドライフに備えた準備をしている人に出会いません。その時になったら考えようという人がほとんどです。定年後ですら考えないのだから、人生の終盤などなおさら考慮の外なのでしょう。

人の一生もピンコロではなく、七十五歳を過ぎれば身体のあちこちに不具合が生じ、平均余命まで生きれば認知面での老化もかなり進むでしょう。人生の最終段階まで一足飛びに行くことはないのだから、その間の十年から二十年の人生をどう過ごすのかという老いの迎え方が問題になるのです。しかし、意外に手引き書がないものです。「病気や治療の本」「終活本」なら枚挙に暇がないのですが。

家族を当てにしない身じまいとは

大正期までに生まれた人は子どもや孫に恵まれ、高齢期を家族と過ごして最期は自宅で迎えることを希望しました。昭和生まれの人は、子どもが独立後、老夫婦で暮らし、お一人様となって施設入居で晩年を迎えることが増えてきました。

厚生労働省が、現在、地域包括ケアを推進していますが、自宅での介護や看取りが難しくなっている時代に本当は合っていないのです。ですから、サービス付き高齢者住宅には入れても、介護付き有料老人ホームは入居料・月額利用料が高額のために利用できない人が増えており、在宅介護やホームホスピスといった形での介護保険と民間サービス、自助努力の組み合わせでなんとか乗り切っている現状があります。

戦後生まれの団塊の世代以降は、子世代の方が親世代ほど稼げない、資産もない世代なので、子世代に扶養や介護を期待するのは無理です。施設入居や入院時の保証人になってもらう程度のことはしてもらえると思いますが、七十歳以下の世代では生涯未婚者や離婚後独身者も少なくないので、家族の存在を前提とした医療・介護の仕組みでは不具合が生じます。

要するに、高齢期の生き方や看取りといっても、現在は一世代ごとに状況が違うので簡単に一つのパターンにまとめきれないのです。ところが、私たちの意識は紋切り型の高齢者像にとらわれ、なお、年金問題にしても医療にしても国に安全・安心の保障を求めています。

マスメディアも国の責任を問いますが、国の財政が増大する社会保障費に対応しきれないのは誰が考えても明らかです。自ら備えることが必要です。私たちは強く要求することで逆に安心してしまうような心理があるのではないでしょうか。

誰にでも100％の確率で生じる老いと病い、死への準備に案外無頓着なのはなぜでしょうか。ここにも考えたくない、考えるだけで暗くなるといった心理が働いているのかもしれません。

老いの妙味についての見識を問う

人生百年時代とは、人生の後半に比較的短期に済んでいた老いと病いが長期化する時代なのです。

平均余命が毎年九十歳にむけて延びる一方で、健康寿命は七十三歳からあまり延びないことに注意が必要です。

春日キスヨ『百まで生きる覚悟―超長寿時代の「身じまい」の作法』（光文社、二〇一八年）は、実によくできた本です。高齢者介護や社会福祉を専門とする七十六歳の著者から超高齢期の生き方について示唆に富む提言がなされています。要点をまとめてみます。

①元気長寿者は「高齢者」という自覚がなく、その人独自の身体年齢で人生を謳歌していること。しかし、習慣としていた日常生活ができなくなった時点で一気に年を感じること。

②ピンコロは例外的で、「バリバリ」から「ヨロヨロ」を経て「ドタリ」期に移行するが、子どもを当てにできない世代で「ヨロヨロ」期があることを予測し、準備している人が少ないこと。

③「成り行き任せ」の元気高齢者が多い理由として、倒れる前の「ヨロヨロ」期に介入して予防や準備を助言する専門家がおらず、介護保険制度は倒れた後を重点的にカバーするため、家事や病院の送迎といった用事が足しにくい不便な生活を強いられること（高齢者の免許返納が増えない理由）。

④サクセスフル・エイジング、アクティブ・エイジングという発想によって「身じまい」の準備を遅らせる逆機能が生じていること。健康維持・増進策で超えられない後期高齢期には、病いや老い、死への準備が必要なこと。本人以外に誰も用意してくれないという事実を冷静に認識し、人

生百年時代を生きる覚悟として「ヨロヨロ」期と「ドタリ」期に備えること。

春日氏は生きる覚悟とは準備することだと言います。本書では宗教への言及はないのですが、仏教による生老病死という人生への冷徹な認識と、そこに発生する苦の乗り越え方こそ、人生百年時代にふさわしい覚悟なのではないでしょうか。

ところで、老いにはネガティブなイメージが強く、死はすべてなくなってしまうという虚無感や恐怖心がつきまとうために、現代人は老いをできることなら人生からなくしたいと考えるのかもしれません。青春真っ盛りの学生ならいざしらず、還暦や古希の世代が老いの妙味について何の見識も持たないのはまずいでしょう。少なくとも、高齢者＝人生の下り坂にある人というレッテルを剥がしたいものです。

二千年前のローマの老年論の教訓

ローマ時代の政治家であり哲学者でもあったキケロは、二千年経っても色褪せない老年論をまとめています（八木誠一・八木綾子訳『老年の豊かさについて』法藏館、二〇一九年）。舞台として老政治家・哲学者である大カトーに青年二人が老いの実相を尋ねます。当時も、老人が惨めに見える理由として、

①あらゆる職から退かなくてはならない

②身体が弱る

③快楽が失われる
④死が遠くない

ことが考えられていました。

大カトーは一つ一つかんで含めるように反論していきます。

①命の限り仕事を続ける文人たちや、子孫に残すために畑仕事に精を出す農民に言及しながら、分別のある老人がいることの意義を説きます。

②老年になっても訓練と節制によって往年の体力の幾分かを保持することは可能だし、人生のそれぞれの時期にふさわしい自然に備わったものを使えばよい、と言います。

③肉体的快楽よりもこころの快楽に喜びを感じるし、作物の収穫同様、人生の成果を味わうことも可能になると。

④死んで全てなくなるのであれば死なんか無視してもよいし、霊魂が永遠に生きる場所に行けるのであれば喜びとなる。老人が死ぬのは青年が死ぬより自然だし、人生という芝居が満ち足りて飽き飽きしたのであれば、それで幕を引かぬわけにはいかないというわけです。

この文庫版には訳者の八木誠一氏の老年論も追加されています。老年期は新奇なものにとびつかず、本当に必要なもの、よいものだけを買うべきだ、成熟した文化や社会を作るのは老人の役目だ、「無為無一物」としての人間を自覚し、自然に還ることが必要ではないか、など滋味に富んだ示唆が随所にあります。

老年の域にまったく達していない私でもこうした文章を読むと、それを味わえる年まで生きた果報を言祝がざるを得ません。身じまいできることも長寿のおかげなのです。

老いてますます元気な僧侶に学ぶ

私は調査で僧侶の方にインタビューすることが多いのですが、若いときは法務や兼職で苦労されても、定年後に住職の専従となってますます元気になり、人生の華を咲かせようとしている方に出会ってきました。前期高齢期にふさわしい業務量で自坊や地域での役割を担い、後期高齢期では節制された日課と仏道探求の楽しみがあるからこそ、みなさん元気なのかもしれません。

定年帰農同様、老後出家もまた人生を最後まで味わい尽くす道ではないでしょうか。高齢者に配慮できる指導者や僧堂が増えることを期待します。若者の発心や修行とは別に、高齢者ならではの発心や仏教の理解と実践があるはずです。仏教興隆の新たな担い手にならないでしょうか。

2 死を前提にした医療が進む中で仏教ができること

領域を超える死の臨床研究会

私は、「日本死の臨床研究会北海道支部」に六年前から参加し、二〇一六年の十月八日から二日間、札幌コンベンションセンターを会場にして「第四十回 日本死の臨床研究会年次大会」を北海道の医療者・介護者・市民ボランティアの方たちと一緒に開催しました。

「深めよう、広めよう、ホスピスのこころ—北の大地からのメッセージ」というテーマで、著名な文化人として倉本聰、谷川俊太郎、池澤夏樹、柳田邦男、日本におけるホスピスの創始者として石垣靖子、柏木哲夫、日本における死生学の草分け的研究者として清水哲郎、カール・ベッカーのような講師陣をゲストスピーカーに招いて、ターミナルケアや緩和ケアに関わる人たちが集まりました。

私も秋田県藤里町の曹洞宗月宗寺の袴田俊英住職とトークライブ「『おひとり様』化する死の諸相—無縁社会から有縁社会へ」というプログラムを組みました。

死の臨床研究会は一九七七年に設立され、年次大会と各地域支部ごとの研究交流、および多職種による緩和ケアやホスピス、看取りに関わる協働作業が進められてきました。医療系の研究会と異なるのは、「死」を冠した稀有な学会名であることと製薬会社等の利益団体から協賛を受けないというところです。

現代医学にしても医療にしても、人を「死なせない」ことで「命を救う」ことを目的としています。死は医療が終わる時と考えられてきました。死後は遺族が遺体を葬儀社と一緒に運び出し、あとは宗教者の領域になると考えられてきたのです。

しかし、死へ向かう人間という存在を認めない医療ではまずいのではないかという認識が、医療者と当事者・家族の間に生まれてきました。

医療者が難治性の疾病や終末期にいたる患者に対して治病・延命を最後まで追求すると、患者本人と家族にとって必ずしも納得のいく人生の幕引きができないということがあります。言い方に語弊があるかもしれませんが、身体的にも精神的にも苦痛を抱えながら生命が維持されるだけでは、人間として生の尊厳が保てないのではないかということです。

緩和ケアとは、現代医学では対応不能の病を抱えた患者に対して疼痛を減らし、日常の生活をできる限り長く保つことで当事者がやりたいことをやれ、心残りなく過ごすことができるよう身体の環境を整えることを目的とする新しい医療です。

スピリチュアルケアの需要増

ところで、死に向き合う人の精神的苦痛を軽減するという意味でのスピリチュアルケアに日本でも関心が高まっておりますが、病院チャプレンが常駐せず、宗教者が病院に出入りすることに医療者・患者共に抵抗感を持つ日本ではなかなか定着していません。

私は、これは宗教文化の問題というよりも、日本では家族の共同性が個人の精神性や自己決定に優先し、患者も医療者に全面的にお任せをしてきたパターナリズム（温情主義）のためではないかと考えます。

医療者は専門家として病気を治すことに専念し、患者と家族は医療者が最も適切な医療をしてくれるはずだと信じてきたのです。

その結果、患者は最期まで病気を治すために医療者と共闘してきたのですが、病床における生活の質は決して満足いくものではなかったと思います。あるいは、医療者・患者・家族共に手術や療法のリスクについて合意せずにことを進め、こんなはずではなかったと医療訴訟になるようなケースも出てきました。そのために、医療者が病状を患者に告知して治療方法を一緒に決めて遂行するインフォームド・コンセントが進められ、どこまで治すか、どのように治すのかということは、患者と家族との相談の上で医療者が決めることになりました。

当事者が自己決定を十分に行えるように、医療情報の提供やセカンドオピニオンに対応することも医療者側に求められています。

現在、切除できない癌をはじめ難治性の病については、医療者の方から延命よりも苦痛を減らす方法があることも選択肢として示されることになりました。治らない、死に向かう自分であることに向き合うことが患者自身も家族にも求められます。告知をする方も受ける方も辛いことであり、死を前提にした医療が求められているのです。

私は今後、スピリチュアルケアの需要は増えてくるのではないかと考えています。良くも悪くも家族や医療者に、あとはお任せといえない時代なのです。自分がある程度元気なうちに死に向き合って、それまでの時間の過ごし方とそれに見合った医療を決めなければいけません。そういう時間に耐える辛さを支えるものとしてのスピリチュアルケアは必要です。

将来、その担い手が医療者の仕事の一部になるのか、臨床心理や医療ソーシャルワークの業務になるのか、あるいは宗教者の仕事になるのか、定かではありません。

現代医療では病状が数値化され、客観化され、病を得た人間に向き合う時間的・精神的余裕が医者にも看護師にもなかなかありません。心理的サポートを行う専門職を雇用する病院も少ないし、医療ソーシャルワーカーは必要な情報を提示してくれますが、選択の多さは往々にして人の悩みを増やす結果になります。仏教者への期待は最後に述べることにしますが、これからさまざまな試みがなされることと思います。

注目すべき高齢期医療の実態

さて、死を含みこむ医療・介護の課題がもう一つ、高齢社会のなかで浮かび上がってきました。日本人は長寿化に対応した老いへの心構えが、個人的にも社会的にも十分ではないという現実です。

一八九九年からこの百年余りの死亡者の年代を調べると、死亡者の半数を占めていた幼児期の死者が戦後に激減し、代わって六十五歳以上の高齢死亡者が増加し、二〇〇八年以降は八十歳以上の高齢者が死亡者の半数を超えていることが分かります。六十五歳以上の死亡者は日本人全体の八割方を占めます（左頁の図参照）。

二〇一八年時点で男性の平均寿命は八一・二五歳、女性は八七・三二歳になったことでも分かるように、日本人の大半は高齢者として死を迎えることになります。その際、ポックリ逝ける人ばかりではありません。むしろ、健康寿命が男性で約七十二歳、女性で約七十五歳という事実が示すように、継続的な医療・介護に頼らざるを得ない約十年間があるのです。高齢期は健康状態の個人差がかなり大きく、八十歳、九十歳を過ぎてもかくしゃくとした高齢者がいる一方、中高年期から成人病に悩まされる人がいます。適切な栄養と運動、前向きな人生観や豊かな人間関係により健康寿命を延ばせるという研究もありますが、老化は癌や認知症といった種々の病を必然的に伴います。

図　死亡数及び死亡率の年次推移（明治32年～平成24年）

出典／厚生労働省「平成26年我が国の人口動態」

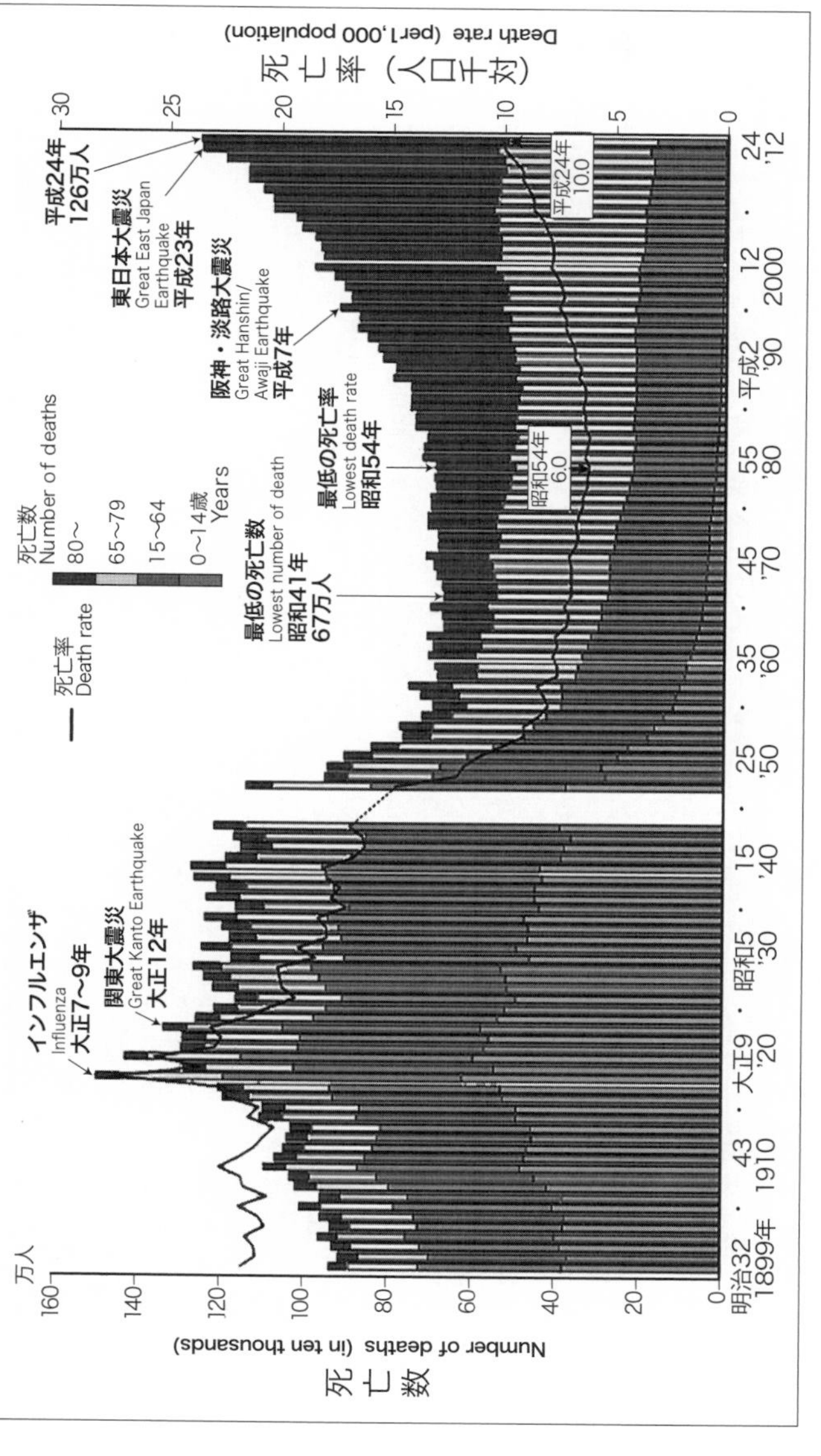

近年は終活ということで人生の身じまい、とりわけ葬儀や墓、資産の処分について予め準備しておくという人が増えてきました。しかしながら、自身が病を得て自己決定ができなくなった時に備えて治療方法の指示書を用意しておくという人はまだまだ少数です。その背景として、八十歳以上の高齢世代では医療が選択の時代になったということを十分に理解されていない方が多く、現実的に自己決定できる方が減っていること、そして、子どもを頼りにされています。

団塊の世代かそれ以下の世代に相当する子どもたちも、高齢の親に対して「元気で長生きしてくれ」とは言えても、「病気になったらどういう治療をしたいのか、したくないのか」はなかなか聞くことができません。ましてや「葬儀や墓はどうしようか」などと話しかけること自体、縁起でもないと忌避されがちです。その結果、どういうことが起きているのでしょうか。

高齢期になると嚥下機能が衰えてきて痰を出しにくくなったり、誤嚥したりすることが増え、そこから誤嚥性肺炎となることがあります。救急車で急性期病院に運ばれると肺炎の治療を受けます。もともと肺炎でなくとも、他の病状から気管挿管による人工呼吸を行うと、口腔鼻腔内の細菌、唾液や鼻からの分泌物が気管内チューブを伝わり気管に流入して、免疫力が低下した高齢者が肺炎になることがあります。

治療によって肺炎が治っても、治療に要した日数や経過によっては嚥下機能が回復せず、寝返りもうてないほど筋肉が弱ったり、関節が固まったりすることもあります。

自分の手を使って、あるいはスプーンで口にお粥を運んでもらっても食べられなくなった時は、中心静脈栄養（血管から点滴栄養補給）と経管栄養（経鼻栄養と胃瘻《いろう》）という治療が急性期病院や慢性期病院で提供されます。

呼吸はできても栄養を取れなければ衰弱死してしまうので、ほとんどの家族は医療者に人工栄養を依頼します。患者がチューブを引き抜く可能性がある場合は、動く手にミトンを着用させ拘束することになります。この状態に陥った患者は自分で排痰できないので、チューブを口や鼻から喉の奥まで入れて定期的に痰を吸引してもらいます。そうしないと窒息するからです。

気管切開をすると痰による窒息は減ります。仰臥状態を長期間継続すると認知機能は衰え、傾眠傾向が強まります。

こうして人によっては数年間寿命を延ばすことができるのです。

自宅の看取りは約13％の現実

自分の口で食べられなくなった時に、自然な衰弱死、いわゆる老衰を待つというのは昔の話になりつつあります。その時に家族や誰かが救急車を頼めば、前記の経過を経て心肺機能を動かすための栄養補給の措置がとられます。

しかし、それが本人や家族の望む最期のあり方なのでしょうか。特別養護老人ホームで看取りを行う医師の石飛幸三氏は、「先端的医療技術が死に臨む人間に対してどう関わるべきか、本質的な検討なしに先走っている」と述べて、医療者だけでなく当事者にどうしたいのかを問いかけています（『「平穏死」のすすめ―口から食べられなくなったらどうしますか』講談社、二〇一〇年）。と同時に、老衰に代わる平穏死という言葉を用いて、無理に食べるから誤嚥するし、食べたくないというのは栄養をもう身体が欲していない時期なのだから無理に入れない、点滴による水分や栄養の補給は身体をむくませ痰を増やすので逆効果になる、意識が弱まれば苦痛も感じなくなる、といった様子も述べています。

死期が迫った人に必要なことは、親しい人と穏やかな時間を過ごすことであったり、苦しまないことであって、気管挿管や心臓マッサージで蘇生を試みたり、脳波や心臓の鼓動がフラットになるのを計測することではないのです。

しかし、自宅での看取りは稀になりました。二〇一七年の北海道における自宅での死亡者は全死亡者数の約10％、政令指定都市では神戸約18％、東京が約19％で高く、札幌は約11％です。

ところが、市民の意識調査によれば約半数の人が自宅で最期を迎えたいと希望しているのです。私たちは穏やかに逝けるのでしょうか。

命のあり方を問う声に宗教は

二〇二五年問題という言葉があります。団塊世代が後期高齢者（七十五歳）に入る時期です。現在のような高齢者の医療が続けば、急性期病院は緊急性の高い患者を受け入れるスペースを失います。そこで厚労省は、住まい・医療・介護・予防・生活支援を包括的に提供するシステムとして地域包括ケアの枠組みで在宅医療・介護を推進しています。率直にいえば、病院と介護施設で全ての高齢患者や延命治療中の人を収容することはできないので、個人や家族の責任で最期をどうするのか考え、地域は創意工夫により高齢社会を乗り切りなさいということです。

　政府はけしからん、福祉を切り捨てることは許さないと声を上げることもできますが、現実的に考えて慢性期病院や老人保健施設、特別養護老人ホームのベッド数は足りません。介護従事者も足りません。介護保険や社会保障費のために消費税を上げることにも反対の人が多いでしょう。財源確保のために高齢者の医療費を一割から二割負担、三割負担に増やすことはできるでしょうか。他方で、老老介護や独居高齢者が増えるなか、家族による介護力は落ちるばかりです。現在六十代の後半にさしかかった団塊の世代では、親の介護や、場合によっては子育ても終わっていないので、自身の老後を考える余裕がない人が多いのです。

　仏教の基本、八正道《はっしょうどう》の第一は正見です。何を正しく見るべきか。人の生涯である生老病死と人間社会の有為転変である諸行無常でしょう。自分だけが、自分の属す社会だけが例外ではないのですから、予め考え、用意しておくことが必要です。

　現代社会では、医療技術が生老病死をあたかも統御できるかのような錯覚を私たちに与えてしまっています。朝刊の広告欄を見てください。医学や医療者にそのつもりがなくとも、健康雑誌の広告には、アンチエイジング、病気にならない方法といった人間の欲望が溢れています。医学博士の肩書きが利用されています。死生学、死の教育が重要であるといわれます。大学で学生たちに語ることも大事ですが、中高年において難治性の病を得た時に自分の意思でどうしようかと考えられる人こそ死を考えておき、場合によっては事前指示書として残しておくことが重要ではないでしょうか。それがないから本人が穏やかな死を望んだとしても、家族の思いや、親戚から非難されないよう、医者は責任を追及されないように延命的措置をとることになるのです。

　延命治療という言葉を使うだけで、誰が何の基準で延命治療を行うかどうかを決定するのか、可能な命を中断する権利を誰が行使できるのかという規範的な議論が出てくるでしょう。正論です。しかし、第三者に対する命のあり方と自分が日常接する人に望む命のあり方、自分で決めたい命のあり方は、違うのではないでしょうか。その中身は固定的なものではないし、人それぞれであり、自分のなかでも変化していくものでしょう。

　死に向かいつつある命のあり方を現代仏教ではどのように考え、みなで考えようとしているのでしょうか。一般論や第三者的な物言いではなく、他者に対して、自己に対してのものです。現在も、これからも多くの悩む人たちが出てきます。そういう人たちに対して、死後だけお付き合いをするというわけにはいかないでしょう。生を含めての死なのではないでしょうか。

3 脳死や移植医療に宗教の役割はあるのか

医療に死生観は不要なのか

二〇一七年八月二十五日付『朝日新聞』が「医療とコスト」という特集を行い、次年度から導入される高額薬を抑制する仕組みを紹介しました。そのモデルとなる英国の国立医療技術評価機構では、健康寿命を一年延ばすためにかけられる薬価を約四百万円程度に設定し、それ以上の薬剤は自由診療扱いにします。日本では、二〇一三年から二〇二五年の間に高齢者人口は一・四倍、医療費も一・四倍に拡大することが予測される一方で、生産年齢人口は〇・九倍に減ります。公的負担で新薬や高度な医療を提供し続けていくことには限界があります。

さらに、高齢化と医療費の増大は相関しています。稼働世代の一人あたり年間医療費が約二十八万円なのに対して、六十五〜六十九歳が四十八万円、七十〜七十四歳が六十三万円、七十五〜七十九歳が七十八万円、八十〜八十四歳が九十二万円、八十五歳以上が百四万円です（二〇一四年）。

こうした医療費の総額抑制や高齢者の医療費を問題にする議論には批判が多いでしょう。事実、京都市で延命治療の要不要を含む治療方針に関する「事前指示書」を配付したところ、「生命を軽んじるのか」という批判が出たといいます。私はここに誤解があると考えます。個人単位で医療費の負担と生命の保障を天秤にかけているわけではないのです。社会全体として医療保険の制度が維持できなければ、個人としても一割から三割負担で医者にかかることもできなくなります。

医療費を世代間でどのように負担し合うべきか、若者と高齢者のいのちと生活を社会全体でどのように支えていくのか、中高年世代は真剣に考えていく必要があります。

いのちの問題は、生命倫理や医療の聖域とされて、そこに経済的コストの議論を持ち込むことは憚られてきました。しかし、財政や社会保障の対象としていのちや生活の質を考えていくことは、いのちが個人の生命に留まるものではなく、社会全体で保障しなければならないという高邁な理念に基づいたことなのです。私はこのような理念こそ死生観の基礎となるべきものと考えています。

死生観というと、いきなり死後の世界とか、死の哲学的意味や文化的差異を論じたりしがちですが、そこまで三段跳びする前に、日常的な生活のあり方（ホップ）、人間関係や社会関係（ステップ）が大事なのではないでしょうか。生活の質、生の実感という意味での死生観を欠いた医療の技術的発展と医療への過剰な依存が、現代の医療危機という問題を生み出しているのではないでしょうか。

死生観と現代医療が交錯・葛藤する問題に、脳死を前提にする臓器移植問題と延命治療があります。

脳死問題で三十年遅れた臓器移植

「脳死は人の死か」ということで種々議論がありました。ヒトという生物学的身体のレベルにおいて脳幹と大脳を含む脳機能が回復不能となった状態が脳死です。大脳の機能に障害が出ても脳幹が機能していれば、意識が失われても自発呼吸が可能な植物状態となります。しかし、脳幹が機能を失えば大脳や小脳も機能を失い、呼吸と心臓も停止します。

従前の医療や看取りの慣行においては、心肺停止するまでの間、ヒトは生きておりました。呼吸停止・心拍停止・瞳孔散大・対光反射消失で医者は死を判定しました。人口呼吸器の開発によって脳死から心肺停止まで時間が生じ、その間、臓器は機能し続けます。「脳死は人の死」というのは、機能を維持された臓器の活用を前提とした医療と法律による規定に他なりません。

臓器移植という医療技術の出現によって、心臓、肺、肝臓、腎臓、膵臓、小腸、造血幹細胞、角膜などの移植が可能になりましたが、心停止後に移植できる部位は角膜、膵臓、腎臓だけです。心肺以下主要臓器の移植には、脳死段階の患者からの移植しかないのです。

日本では一九六八年に札幌医科大学の和田寿郎教授が日本初の心臓移植手術を行いました。「二人の死より一人の生」という和田教授の言葉をメディアは報じ、快挙の賞賛一色でした。

しかし、移植を受けた患者が八十三日目に亡くなった後、提供者の脳死判定や病理解剖に大学内部から疑義が出され、教授は刑事告発も受けました（二年後に不起訴）。事件を契機に吉村昭が『神々の沈黙―心臓移植を追って』（一九六九年）を書き、当時同大学の講師であった渡辺淳一が『白い宴』（一九七五年）を著して、心臓移植に携わる医師の葛藤や提供者の脳死判定の問題を提起しました。結果的に、日本では約三十年間、脳死患者からの臓器移植は停滞し、臓器移植による治療を求める患者の中には海外で治療を受ける人たちが相次いだのです。

医療者や患者からの強い要望を受けて一九九七年に臓器移植法が成立し、臓器移植の意思を表示した人に限って脳死・臓器移植が認められました。しかし、臓器提供者は年間十名前後と受給希望数には圧倒的に足りない状態が続き、二〇一〇年に、本人の意思が確認できない場合でも家族の承諾があれば臓器提供が可能となり、十五歳以下の子どもも提供者になっています。この年から臓器提供者数が年単位で三十人から六十人台で増え、そのうち約三分の二が家族承諾による提供です。

日本で臓器提供者が増えない理由

日本の臓器提供者数は、西欧・北米と比べると1％以下、韓国・台湾・中国と比べても数分の一です。皆さんの運転免許証には、二〇一〇年から、①脳死後の臓器提供、②心停止後の提供、③提供しない、の意思表示欄が設けられることになりました。しかしながら、日本臓器移植ネットワークが二〇一六年に実施したアンケート調査によれば、健康保険証やインターネットも含めて意思表示者は全体の約一割に留まります。意思表示しない人の主要な理由は脳死・臓器移植に関する情報不足、次いで反対の見解です。

一般市民から、医学や法律とは異なる根拠をあげて、脳死を人の死とは認めがたいと言うのはなかなか難しいでしょう。宗教団体の大本のように、心臓が停止したときに霊魂が離脱して人は死ぬという教理に基づいて脳死・臓器移植に反対する教団は僅かであり、カトリックをはじめ日本の仏教宗派でも臓器移植を愛や慈悲の行為と見なす団体の方が多いのです。ですから、家族、とりわけ子どもの心臓が動いてまだ身体が温かいうちに手術室に運ばれ、臓器が摘出されるのには納得いかないという感情論では、医学・法律・倫理の見解に対抗できそうにありません。だから意思表示をしないという消極的拒否の態度を取る人が少なくないのではないかとも思われます。

それに対して医療者側は、日本では脳死・臓器移植についての理解が欠落していることが提供者不足の要因であり、日本独自の生命観の問題とまでは言えないという見解です（峯村芳樹・山岡和枝・吉野諒三「生命観の国際比較からみた臓器移植・脳死に関するわが国の課題の検討」『保健医療科学』二〇一〇年）。脳死に批判的な文化論で言われる、欧米のデカルト以来の心身二元論（肉体の死と精神・霊魂の死を分ける）と日本的な心身一元論の差異は、必ずしも意識調査では明確ではないのです。マスメディアもまた、再生医療の実現までは待てない患者側の切実な声のレポートを届ける傾向にあり、脳死判定の厳格さとスタッフ不足で対応しきれないことが問題と報じています。

生命倫理学者の森岡正博は、脳死判定の難しさ（特に子ども）に加えて、脳死・臓器移植の現状において提供者側・受給者側の関係が断ち切られていることを提示しました（『脳死の人』増補版、法藏館は二〇〇〇年。初版は一九八九年、東京書籍）。

医療倫理的な見解に沿えば、提供者側と受給者側との間に金銭的・権力的関係が生じてはならないということから、提供者には誰へとか、移植が成功したか否かも含めて教えないし、受給者へも感謝の意など個人的表明を慎むように促されます。

しかし、このような匿名的関係性が少なくとも日本では公平性や慈愛の表明とは認識されず、むしろ提供者と受給者が分断されていると認識されている可能性があります。医者から脳死を示唆された患者の家族が提供に合意した途端に、治療とは別次元の患者の生体管理が厳重に進められ、心停止までの最期の看取りの時間がないまま、患者は手術室に運ばれます。数時間後、冷たくなった家族の身体を再び迎えますが、死後の手続きや葬儀の準備にとりかかる遺族への配慮、まさにスピリチュアルケアの欠如を指摘する声もあります。

死生学の研究を進めてきた宗教学者の島薗進は生命にかかる個人の欲望（健康・能力の開発と疾病・障害からの解放）と生命の社会関係的特質のバランスに着目して、個としての命のみ考えてきた近代科学技術的生命観を、人間を育む社会文化的なつながりの感覚の中でとらえなおせないかと提言しています（『いのちを〝つくって〟もいいですか？—生命科学のジレンマを考える哲学講義』ＮＨＫ出版、二〇一六年）。

日本なら個人負担数十万円なのに

臓器移植を裏面から見ると、経済的問題と切り離せません。臓器提供は脳死であれ生体であれ、善意による供給数が患者の絶対的需要数に見合わない現実があります。国内では日本臓器移植ネットワークのみが、臓器の斡旋・仲介行為を許可されていますが、日本の心臓移植の症例は年間数例であるのに対してアメリカでは二千例を超し、平均的な待機日数が日本は約十倍です。ですから、時間勝負と考えて渡米して手術を考える家族がおり、国外の医療機関との斡旋を行う団体も存在します。海外での臓器移植では、日本で治療を受ければ本人負担数十万円で済む臓器移植が、中国やインドでは一千万円、アメリカでは二億円からの総費用を要します。自由診療扱いの入院・加療と渡航費用です。前払いの保証金には関係者への謝礼金も含まれるとされます（ＮＰＯ法人難病患者支援の会）。

医療化された死によって支えられる新しい命のあり方に関して、個人の問題に留めず、社会の中で保障される命の観点から再考しないと、提供者の問題は解消されません。とりわけ、提供者の家族は温かい子どもの身体を抱きながら死を受け入れ、子どもの命が別の人の命となってつながることを望んだわけです。臨床宗教師や臨床仏教師がなせるスピリチュアルケアはこういう遺族への対応ではないでしょうか。

4 病院が患者家族に手が回らないとしたら

延命治療をやめられるか

延命治療という言葉は、医療上あまり使われませんが、救命救急時に人工呼吸器や心臓マッサージ、昇圧剤投与で生命を維持したり、予後が悪く自分で食事をとれない時に経鼻栄養や中心静脈栄養、胃瘻などで栄養を送り込んだりする対症療法を指します。意思表示や意思疎通がまったくできない状態でも心停止まで生命を維持する医療のあり方に対して、生命の質の観点から生命維持装置をつけないというリビング・ウィルを残す人もおります。

しかし、救急車で病院に搬送されたり、予後を病院や施設でみたりする場合に、延命治療を途中で打ち切るのは、現実にはなかなか難しいことです。これは私の父親が二年間延命治療を受けた経験からも言えます。父親は誤嚥性肺炎で入院し、その後、意思表示できるまで回復することなく、人工栄養で生命を維持しました。父親本人の治療方針に対する事前意思表明はなかったので、胃瘻は必要ないだろうと家族で話し合い、経鼻栄養や中心静脈栄養だけでした。父親は施設と病院を往復しながら要介護度５のままで二年を過ごし、最期を迎えたのです。

病院で最期を迎えられなくなる日

この治療が父親本人の意思にかなうものだったのか推測しようもありませんが、この間、私は札幌から山形へ十数回見舞ううちに自然と覚悟ができたように思われます。身体が硬直してほとんど動かすことができず、時折目を開け、うつろな眼差しで私たちを追ったり、痰が絡んで苦しそうに咳き込んだりする父親の姿を見ると不憫でなりませんでした。腸から栄養分を取ることもできなくなって静脈栄養や水分補給だけになり、自身の肉体の栄養分を使い尽くしたかのように痩せ衰え、眠るように死へ向かっていく姿を家族に見せることで、老いと死が人にあることを示したのかなとも思えます。その意味では、延命治療ではあるのですが、家族にとってはありがたい治療でした。

私の家族の場合、母親が介護の苦労を父親が入院する前の約一年半担ってくれました。父は八十歳を過ぎて冬の道路で転倒してから外出しなくなり、急激に衰えて咀嚼や嚥下がうまくいかず、こぼしたり、失禁したり、デイケアに週二日通っているうちに誤嚥性肺炎になりました。それからの延命治療だったので、老老介護で共倒れになることもなく、子どもたちが介護の負担で疲弊することもなく、父親の最期の看取りまでできたのは幸いと言わざるを得ません。自宅から歩いて通える範囲に病院・

施設があり、ベッドに空きがあったことも幸いです。

これらの諸条件がなければ、母親はほぼ毎日見舞いに通うこともできなかったでしょう。田舎町であるからこそ、高齢者医療の慢性期病棟や老健施設に余裕があったのです。

来たる高齢多死社会では、国民の多数が現在のように病院で最期を迎えることはできなくなります。これからの病院は急性期患者に治療を行い、長期安静を必要としたり延命治療を受けたりする高齢者には、施設か在宅ケアへの移行が計画されています。しかし、誰もが住み慣れた自宅で在宅ケアを受けられる環境は整っていません。在宅医療を推進する医療者や在宅での看取りまで進める介護者がまだ足りませんし、何よりも家族による介護力が期待できないのです。

そこで、あらためて延命治療について考え直さざるを得なくなるのではないでしょうか。

臓器移植と延命治療の類似と差異

前節で、脳死・臓器移植のプロセスを脳死判定↓医療化された死↓心停止と示しましたが、似た構図が延命治療においても描けます。ただし、救命救急↓医療化された生↓心停止となります。子どもや若者においては、心停止前に死が認められますが、高齢者の場合、心停止こそが死です。脳死は問題になりません。臓器移植による臓器の利用可能性がないからです。

臓器移植において医療化された死は、早められた死です。死への不可逆的なプロセスは変わらないという判断だからです。延命治療において医療化された生は、先延ばしされた死です。ここでも死への不可逆的なプロセスは変わりません。伝統的な死、すなわち呼吸と心臓が止まり、身体が冷たくなることで受け入れた死の観念は変えられましたが、感覚としては違和感があります。それが臓器提供者の数に反映されているのではないでしょうか。延命治療においても、意思表示や意思疎通がまったくできない状態で死への時間を長引かせるのは自然ではないという感覚があります。それが尊厳死や平穏死への素朴な期待ではないでしょうか。

高齢社会で重要度を増す延命問題

二〇〇四年、北海道立羽幌病院において心肺停止状態で運び込まれた九十歳の患者の人工呼吸器を家族の同意の下に取り外した事件で、担当医師が書類送検されました。二〇〇六年にも、富山県射水市民病院で外科医師が七人の末期癌を含む回復不能状態にある患者の人工呼吸器を外し、書類送検されています。ここでは、一人は本人の同意、他の六人は家族の同意を得ています。二つの事件とも不起訴となりましたが、ホスピスでは消極的治療停止（人工栄養を含む）が行われることもあるために、終末期医療に関わる医師たちに不安が広がりました。

そこで、二〇〇七年五月に厚生労働省は「人生の最終段階における医療の決定プロセスに関するガイドライン」を設け、日本救急医学会では同年十一月に「救急医療における終末期医療に関する提言」を作成しました。どちらも大要、①家族の延命措置希望には積極的に応じること、②家族が延命措置中止に対して受容する意思がある場合は、事前指示書の確認あるいは家族による本人の意思の忖度を行い、家族の容認する範囲内で中止すること、③家族が判断できない、もしくは家族と接触できない場合は医療チームか別途委員会が慎重に判断し、④人工呼吸器の取り外しや栄養補給を中止することとしています。

ところが、このガイドラインを参照しながら終末期医療に対応した医療関係者は、医師・看護師・介護士共に20％前後であり、知ってはいるが参照しないものが同じく20％強で、知らない、対応の経験のないものが半数を超えるというのが二〇一二年の状況でした。

また、一般市民の意識としては、終末期の治療方針について、家族でしばしば話し合ったことがある人が2・8％、一、二度話したことがある人は39・4％、まったく話し合ったことがない人が55・9％、無回答が1・8％でした。そして、延命治療の中止には本人の事前指示書が最も効力を有するのですが、それを書くことに賛成する人は69・7％、反対が2・3％、分からないが27％、無回答が1％でした。しかし、実際に書いている人はわずか3・2％しかいないのです（終末期医療に関する意識調査等検討会「終末期医療に関する意識調査等検討会報告書」二〇一四年）。

私は、脳死・臓器移植についての意思表示と同じく、延命治療についての意思表示を健康保険証や運転免許証に記載する欄を作るべきではないかと思うのですが、いかがでしょうか。

脳死・臓器移植の問題では、国民的合意を得たとはいえない段階でも制度化されました。ところが、延命治療のあり方は、同じだけのエネルギーでマスメディアでも世論でも論議されてきませんでした。おそらく、臓器移植は助ける医療ですが、延命治療の中止は死なせる医療につながり、後者は医療ではなく措置に過ぎないからでしょう。しかし、延命治療の件数は臓器移植の件数よりも三桁くらい多く、高齢多死社会においてますます重要な問題となります。

延命治療でのスピリチュアルケア

スピリチュアルケアについても、緩和ケアの文脈では必ず言及されるのに対して、延命治療においてはその必要性などほとんど論議もされてきませんでした。末期癌などの終末期医療においてスピリチュアル・ペインを感じる当事者への傾聴は効力を持ちますが、意思表示も意思疎通もできなくなった延命治療中の患者には何の効力も持たないからでしょう。それでも、「何も話せないけど聞こえていますから、話してあげてください」と看護師さんは言うのです。そして、家族はちょっとした表情の動きや身体の状態から「おじいさん、会いに来てくれて嬉しがっているよ」とか「疲れて眠いのだから今日は目を開けないのだろうね」とか患者の意思を推測します。そこで会話はそれなりに成立しているのです。延命治療に至った、あるいは中止を決めた患者にもスピリチュアリティはあり、スピリチュアル・ペインもあります。こうして生きているけど、本当はもう十分だと思っているのではないか。痛いとか言えなくて、かえって苦しんでいるのではないか。患者の意思の忖度ですが、これは介護する家族の感情でもあります。私の父親が入院していた病院では、慢性期病棟に程度の差はあれ数十名のこうした患者がおり、隣接した老健施設では在宅介護が難しい高齢者数百名が短期入所を繰り返していました。突然ここに入院や入所することになった人もおれば、長い介護の前段階がある人もいるでしょう。それぞれの家族ごとに最期の時を迎えようとしている人への思いがあるはずです。

介護者にもスピリチュアルケアを

介護の社会化が進み、病院でも完全看護になったおかげで家族の負担は相当軽減されました。しかし、家族や親族の規模が縮小し、日常的な互助協力の関係が衰えたことにより、介護は配偶者や少ない子どもの肩にかかり、する方もされる方も心身共に疲労とストレスが蓄積していきます。弱音を吐ける場や一息つける場があればいいのですが、病院・施設は当事者の治療・介護をするところであって、家族や関係者をケアするところではありません。

定年後は悠々自適で国内外の旅行を楽しむことが大方の高齢者の夢であった時代は過ぎました。親の寿命が短く、兄弟姉妹数が多いために介護せずとも済んだ家族が多い世代だから可能だったのです。これからは看病や介護する家族へのスピリチュアルケアがいっそう重要になっていくのではないでしょうか。

5　安楽死や尊厳死を自己決定権とする問題

ＮＨＫの安楽死実況報道

二〇一九年六月にＮＨＫスペシャル「彼女は安楽死を選んだ」という反響を呼ぶ映像が流れました。多系統萎縮症を患った五十歳余の女性が、安楽死の意思確認を医師の前で行い、ビデオ撮影（警察へ提出）がなされるなか、自ら致死薬の入った点滴のコックを開き、姉二人に見守られて息をひきとりました。この方は、スイスのライフサークルという二〇一一年に設立された自殺幇助支援を行う民間団体に安楽死を依頼したのです。

スイスでは安楽死を公認もしくは規制する法律はありません。州議会や医師会でも議論されたのですが、最終的に現行法で対応することになりました。すなわち、刑法第百十五条には「利己的な目的から他人の自殺を幇助した者は、自殺が未遂か既遂かを問わず、五年以内の懲役に処す」とあるのみです。営利目的ではないことを証明すれば罰せられることはないというのが、自殺幇助団体の法的根拠なのです。スイスには複数の自殺幇助団体があり、古参のディグニタスは一九九八年に設立され、入会金二百スイスフラン、年会費八十フラン、準備費用四千スイスフラン、医療相談費用千フラン、介助費用二千五百フラン、火葬費用二千五百フランであり、日本円で約百十万円が必要経費とされます（以上、Dignitas HP, http://www. dignitas.ch/）。確かに営利目的とまでは言えないでしょうが、国外の安楽死希望者の受け入れには議論があるようです。

このライフサークルについては、宮下洋一『安楽死を遂げるまで』（小学館、二〇一七年）で知っていたのですが、彼とＮＨＫがこの女性と家族に密着取材し、コックを開く瞬間と、医師が死亡確認するところまで放映したのはショックでした。番組では、女性が何年も家族の世話になるよりも私が私であるうちに死にたいとして何度か自殺未遂を繰り返した後、この団体を知り、姉たちの理解を得て精神的に安定していったと報じていました。

そして、同じ多系統萎縮症を患った同世代の女性が、気管切開で人工呼吸し、瞬きだけで意思表示しながらも、母親と娘の介護を受けていくケースとの対比がなされて、どちらも本人の意思決定とされ、家族の支援が描かれたのです。

安楽死や尊厳死への疑問の芽生え

同年七月六日付『朝日新聞』に、社会思想家の佐伯啓思が「『死すべき者』の生き方」という論説を公表しました。動物と違い死を予期できる人間は、単に生きることだけよりも、生きるに値する生＝善き生を生きるためによき死をも考えるのではないかと述べ、先の番組に「静謐な厳粛さ」を感じたと言います。佐伯は二〇一八年、保守思想家の西部邁が多摩川に入水して自らの人生に結末を付けた「自裁」に理解を示しており、死ぬときまで自分が自分であり続けようとした女性の生き方＝死に方に深く共鳴したのでしょう。

仏教学者の小谷信千代も、この番組と佐伯の言に触発され、親鸞は、末法思想が流行した時代にあって法然のように臨終行儀を経ずとも、如来の本願を信じて「往生すべき身となる」という信念を持ち、生きることを説いたと述べました（『中外日報』七月二十六日付）。苦難に打ちひしがれた人々があまりに多い時代に、死に希望をつなぐ往生を現世の生と結びつけようとしたと考えずにはいられないというのです。

善き生を全うするために安楽死という自死や、自らの意思で延命治療を受けないという尊厳死のあり方も、よき死と連結された善き生の発想です。私自身もそのように考えて、ウェルビーイングとウエルダイイングとを接続する研究を始めたところなのですが、実はそう頭の中で考えるほど簡単ではないことがだんだんと分かってきました。

番組を見た際、女性の潔さにある意味で感銘を受けたのですが、もっと家族の世話になっても良かったのではないか。それもまた本人と家族にとっての意味ある人生とは言えなかったのか。逆に言えば、自分の家族にそのような決断をされた際、大きな喪失感が残りはしないか、家族という存在を失うというよりも関係を失ったという空虚さを抱えたままになってしまうのではないかという懸念でした。

人の生死を権利で考えていいのか

私はこの映像ビデオを大学の社会学講義「ウェルビーイングのライフコース的アプローチ」の中で学生に見せ、感想を書いてもらいました。この授業の前には、超高齢化社会・長寿社会となった日本が抱える社会保障や地域福祉、退職後の年金生活や健康、そして日本と欧米における安楽死・尊厳死をめぐる諸問題を数回にわたって講義しています。

回答の約六割が本人の選択すなわち自己決定を尊重したいと書いてありました。生きる権利と死ぬ権利は同じ重みを持つという認知的捉え方です。自分でもそうすると述べる学生もおりました。残る四割の学生は非常に困惑して、家族の気持ちを考えるといたたまれない、自分の家族にはその選択をしてほしくないといった感情を重視した感想が多かったと思います。

現代医療においても患者の自己決定が尊重され、医療者側だけの判断で治療はなされません。人生の最終段階にかかわる治療の事前指示書は、当然本人の意思で書かれたものでなければなりません。日本では医師が介入する積極的安楽死＝自殺幇助は認められず、終末期医療において延命治療を望まないという患者側の尊厳死への希望が尊重されるだけです。

しかしながら、安楽死を認める国の医療者側からも、

①終末期は結果から分かることであって予測が難しいこと

②不治の病という言い方も十年後、二十年後を想定すると必ずしも不治とはいえず、不治であっても人生の最終段階にはならないこと（人工透析、ＡＬＳ神経性難病など）

③耐えがたい苦痛も身体的苦痛・精神的苦痛・社会的苦痛に分けて対応すべきものであること

が語られています。

その意味で積極的安楽死や消極的安楽死＝尊厳死をどう考えるかは、ひとえに本人の自己決定をどう考えるかにかかってくるのです。

この問題についてはおよそ議論の方向性は定まっています。二〇一八年に出された大鐘稔彦『安楽死か、尊厳死か―あなたならどうしますか？』（ディスカヴァー携書）では、鎮静を含む痛みのコントロールができる現代において、現実的に考えて安楽死を選択する理由はないのではないかといいます。二十年以上も前、一九九六年に出版された坂井昭宏編『安楽死か尊厳死か』（北海道大学出版会）では、明快な結論が出されています。

第一に、不治や終末期であっても患者のクオリティオブライフを最大化しようというのが医療であり、その努力をせず安楽死を選択することは医療者としてありえないこと。

第二に、生と死に関して権利や権限という概念を持ち出すのは適切ではないという考え方です。この第二の考え方は滑り坂への歯止めとして基本になります。まずは、ヒットラーのような悪魔的な権力者によって生きる権利の有無を判断され、奪われないためにです。

次に、人の生死を権利で考えると権利を行使する自由の問題が出てきます。権利は、①個人の意思によって行使され、②法により保障されます。

安楽死が許容されている国は、自律的な意思決定であれば、死ぬ権利を保障し、精神的苦痛の原因となる長期の精神的疾患や認知症の症状が始まって苦悩する人たちにも安楽死を認めているのです。不治の病や終末期という限定が外れていることに注意が必要です。

それにしても、現代人は自律的な意思決定や行動ができなくなれば安楽死もしくは尊厳死を選ぶ決断をした方がいいといった感覚を持ってしまっているのではないでしょうか。

人間の尊厳とは自律性にあるのか

「ピンピンコロリ」が理想として語られる背景に、自分のことが分からなくなってまで生きていても仕方がない、介護で家族に迷惑をかけたくないし、人の世話になりたくないという気持ちがあります。

しかし、ピンコロという急死や慢性疾患・不治の病の死など、私たちが選択も自己決定もできないものです。尊厳死は、後者において自律的であるうちに人生の最終段階における生き方・死に方を自己決定したいというものですが、長寿化社会において認知症と呼ばれる老いから逃れられる人は半数もいないのではないでしょうか。

現代人の死生観は、死後の世界を含む他界観や死そのものを見つめるものではなく、死に至る過程で療養・介護の費用や負担をかけるかもしれないという「気がね」と、依存状態になることを「迷惑になる」として忌避する現実から離れられないという指摘があります（諸岡了介「死と迷惑―現代日本における死生観の実情」『宗教と社会』23、二〇一七年）。

私自身にも子どもの世話にはならない、なれないという現状から、望ましい最期としてのピンコロの発想があります。

しかし、その発想の裏返しとして、自律性という点で脆弱な身体や精神状態にある人を低く見ることにつながっていないのかと、反省するのです。

重度の障害を抱えた子どもを育てることの意味・意義を問い続けてこられた児玉真美さんという方が二〇一九年に『殺す親　殺させられる親―重い障害のある人の親の立場で考える尊厳死・意思決定・地域移行』（生活書院）という書籍を出版されました。児玉さんは○○さん、○○先生という社会的立場を失い、○○ちゃんのお母さんとなり、お母さんが頑張らないでどうするのと叱咤と激励を受けて頑張りすぎるほど頑張ってきました。

自律性を基本とする社会で子どもを守るのは親の役目とされます。しかし、順送りの世のならいとして親亡き後、子どもはどうなるのかと。安楽死・尊厳死の話を聞くたびに、この子は生きていてはいけないのか、親の責任でなすべきことがあるのか（事実、親が子を殺してしまった事件がありま す）というのです。二〇一六年の相模原障害者施設殺傷事件では、我が子が殺されたと思った何千人もの親御さんがいたはずです。

人間の尊厳を自律性で評価し、自己決定の権利や能力に置く発想には、人間の崇高さと冷酷さが諸刃の剣としてあるのではないでしょうか。近代的人間観の危うさをマスメディアや宗教が許容してはいないでしょうか。生老病死は選択の外であり、自律的であるのは恩恵であっても規範や義務にならないのではないでしょうか。

第3章

現代人が仏教に求めるもの

1 日本仏教の自力と他力はどれほど違うか

しあわせ感を増やすもの

二〇一六年九月下旬にひどい帯状疱疹《たいじょうほうしん》にかかり、まる一週間仕事を休み、二週間目に車通勤、三週間目でバス通勤、四週目でようやく従来の歩きと地下鉄だけでの通勤ができるようになりました。その間、最初の一週間は抗ウイルス薬を飲み、ほぼ一カ月経った後に神経痛に効く鎮痛剤やビタミン剤を飲みました。足腰に出たザクロの実のような赤い水泡がようやくかさぶた状になり、化膿した部分に軟膏を塗って包帯を巻く作業から解放された時は嬉しかったものです。

帯状疱疹とは、水ぼうそうウイルスが神経節に長らく潜んで、老化や過労、ストレスで免疫力が落ちた時に発症する病気です。寒さの厳しい北海道なのだから、神経痛が残らないように病気を甘く見ず、しっかり治さないとダメだと経験者に忠告されました。

そして、かなりひどい症状だったので、皮膚科の先生には、人に任せられる仕事は任せて量を減らさないと、この先いろんな病気を抱えることになるといったことも言われました。免疫力の低下を示すシグナル的な病気のようです。長く仕事を続けるために仕事のやり方を変えるのも大事なんですよと諭されて、月に二日しか休まないようなライフスタイルは限界だと感じた次第です。週に一日休みを入れないと身体が持たないのでしょう。

深刻な病を抱えておられる人には申し訳ないのですが、五十の半ばまでほとんど病気らしい病気をしたことがなかったので、帯状疱疹の経験は新鮮でした。具合が悪ければ休めばいいと言われるのですが、本当に具合が悪いときには休めないことがわかりました。右の足腰に一面水疱が出ているので、左半身を下にして片側に丸めた布団に寄りかかるようにして休むのですが、痛みで熟睡できず時間をやり過ごすだけでした。鎮痛剤もかなり強いのを服用するので頭はぼぉっとしています。病気の人には「お大事に」はいえても、「ゆっくり休みなさい」とはいえないものです。

もう一つ、運動や飲食で気晴らしがまったくできない時にどうやったら気分をポジティブに保てるのかとも考えました。ストレス緩和には運動がなによりであり、次いで美味しい料理を食べたり、お酒を味わったりすることがあるのですが、身体を動かせず、食欲もない、本も読めない時に自分に何が残っているのかと自問したのです。幸い十日ほどでこの状態から解放されたので、幸か不幸か、私はこの問いを突き詰めていません。

しあわせ研究によれば、健康には、恵まれた経済状況と比べてしあわせ感を三倍以上増加させる効果があるそうです。実感しました。それでもこういう状態が解消する見込みがないとなれば、快癒を願って祈るか、いよいよ覚悟を決めるしかないのかもしれませんが、自分だけでは耐えられないでしょう。

修行を極めた果てにあるものとは

フォトジャーナリストの藤田庄市氏から『修行と信仰』（岩波書店）を寄贈してもらいました。長年、藤田氏が自らも実践し、行者に密着取材して実感的に知り得た行の世界を、行と無縁の人々にも分かりやすく説明した書籍です。比叡山の好相行、石上神宮の鎮魂行法、東大寺修二会、真言律宗観音寺の八千枚護摩、浄土宗の念仏、臨済禅の公案、日蓮宗遠寿院の大荒行、大峯修験の千日回峰、羽黒山の秋の峰、御嶽教の御座、禊教の御祓修行、釜ヶ崎での本田哲郎神父による宣教が取り上げられています。

練達の行者が語るところでは、行に入った動機は自己探求や仏道の奥義を究めたいということだったのですが、行を重ね、行を極めた果てに行から解き放たれ、人によっては山の行より里の行と方向転換される場合があるのだそうです。里の行とは、寺院であれば檀務や法務、地域や社会活動で人と出会い、つながることで、人格が転換するような瞬間を迎えることがあるとも書かれています。そこから独自の神学を構築されたのが本田神父です。

もちろん、修行を進めていけば、身体感覚や認識の神経回路も変化し、こころとからだ、理性と感覚、自己と他者や環境世界といった常識的な二元論を突き抜ける境地に至り、世界がまったく異なる様相で現れたり、仏の姿を見たり感じたりすることがあるとされます。ただし、その非日常的時間は長くは続かないし、修行者はその状態に固執することがないということです。

藤田氏はあとがきでオウム真理教の信者たちにふれ、彼らは修行で経験した変性意識状態にとらわれ、霊性を自己の能力と捉え、一般市民を見下し、存在する価値なきものとして殺傷していった甚だしい増上慢と指摘しています。この書籍に登場する修行者は、行を重ねるごとに自力ではとうていやれない行を諸仏や神的な力でさせてもらっているという心境を語ります。

熟達の修行者にとって自力行と他力行という二分法の意味がなくなるというよりも、修行自体が本来、他力行なのです。オウムの場合、その他力は教祖・麻原彰晃（本名・松本智津夫）やシヴァ神などで、決して在家や市井の人々は出てきません。だから平気でサリンを撒けたのです。

上座仏教研究から見える自力他力

ところで、仏教には、修行で悟りを得られるかどうかという観点から自力・聖道門と他力・浄土門を対立させる見方があります。日本の仏教では、前者の天台宗・真言宗・禅宗・日蓮宗に僧侶の修行体系が整い、後者の浄土宗・浄土真宗では信仰者の布施行が充実している印象があります。藤田氏の書籍ではこの自力・他力の区分が修行者の意識では消えていると指摘していますが、私は別の観点からこの区分は現実的ではないと考えています。

簡単にいえば、現在の僧侶や修験者が修行に専念できる環境は、行者本人が整えたわけではなく、寺院や道場、修行場を用意してくれた祖師や先人の修行者のおかげです。もっといえば、行の期間、食施や財施をしてくれる信者がいなければ、断食行をするまでもなく飢えるわけです。

私はタイ上座仏教研究を二十年近く行ってから日本の現代仏教を研究し始めているので、自力・他力の区分は僧侶において本来的に成立し得ないのではないかと直感的に思うのです。つまり、タイの僧侶は二百二十七の戒律を守り、在家からの布施だけで生活し、仏学や瞑想修行に専心し、在家の指導や支援を行うものなので、自力では修行はおろか生活すらできないことが誰の目にも明らかです。毎朝托鉢に出かける僧侶の姿はおなじみのものですが、鉢にご飯やおかずを入れる人々に僧侶は礼をしません。日常生活を最優先したい、またせざるを得ない多くの人々には、世俗を捨てて仏道に生きる僧侶は尊敬すべきものであり、功徳を積める機会として布施を喜んでいるのです。

このような関係は、仏陀の時代には自明のことだったのではないでしょうか。しかし、仏教が文明として王侯貴族に受容され、僧侶身分が官位や貴族層の世襲となり、寺院が寺領を有し封建領主化した社会では成立しませんでした。

日本では寺社勢力から離脱した新仏教が貴族のパトロンに代えて庶民の信仰者と新たな出家者と在家の関係を結ぼうとしましたが、これも教団が教線を拡大する上で地域の有力者と結びつき、シンプルな出家者と在家の関係にはならなかったようです。ですから、寺院自体が経済基盤を持ち、僧侶が自活できるようになった社会では、修行を自力行と捉える認識が生まれてきたのでしょう。

もっとも、利他行を最も強調する浄土真宗の宗派が中世から近世にかけて封建領主化し、法縁に連なる寺院も同族集団として継承されているので、経営体としては自立的であっても教説の上では他力であるということになります。

修行における自力性と他力性の関係を、もう少し別の観点からさらに考えてみましょう。

千日回峰行者と歌舞伎役者の対談

市川猿之助氏と光永圓道師の対談が、『猿之助、比叡山に千日回峰行者を訪ねる』（春秋社、二〇一六年）という興味深い本になっております。千日回峰行は七年間をかけてなされるもので、最初の四年間は百日ずつ三十キロ歩きます。五年目に二百日行じて「堂入り」し、七日のあいだ断食・断水・断眠・断臥で真言をとなえます。六年目に六十キロ、七年目に八十四キロの長距離を比叡山の山中に京都市内の神社仏閣参拝を加えて回るという人間業を超えた行です。

光永圓道大阿闍梨は一九七五年生まれと若いのですが、青年期から行一筋で二〇〇九年に満行しました。市川猿之助氏も同い年で市川亀治郎として活躍後、二〇一二年に市川猿之助を襲名し、大河ドラマ他テレビ、演劇にも出演し、俳優業の傍ら文筆活動も行うという才人です。私は、最初に猿之助氏の踊りや演目を見たときに、すごい役者だなと感銘を受けました。

猿之助氏は仏教にも造詣が深く、光永阿闍梨に行のこころや道を究めること、仏教や歌舞伎それぞれの世界から、ふだん考えていることなど意見を交わします。もっぱら猿之助氏が雄弁に自説を展開し、光永阿闍梨がそれを受けて控えめに所感を述べるやりとりです。

猿之助氏は、歌舞伎に打ち込む自分が、道は違っても千日回峰行や参籠行を続ける阿闍梨と生き方で重なっているのではないかと考えています。月に二十五日同じ演目を演じきる心境や、何百回演じている演目であっても舞台や客の状態、自分の身体に合わせてその都度気持ちを新たに取り組む姿勢など、千日にわたって毎日新たな気持ちで歩き通す阿闍梨の行と共通する部分が多いと語ります。

そして、宗教者には現代についてアクチュアルに語って欲しいと猿之助氏が阿闍梨に促すのですが、今はその時期に至っていないと阿闍梨が引き取ります。

種々の教えを求める猿之助氏が、最後、考えるよりもやることが大事だというような気づきを語る場面などもあります。猿之助氏が舞台の客に喜んでもらえるように虚心に演じているということを受けて、光永阿闍梨が行をさせてもらって人々に届くように祈念しているという一節が印象深かったところです。

芸を究めるのも満行まで継続するのもやるのは自分なのですが、他者が意識化されています。自力を徹底したときに他力も感じられるのかもしれません。

2 僧俗に問われる身代わりの宗教性とは何か

身代わりの発想はいつから

「身代わり」で一般に連想されるのは、身代わり受験や身代わり出頭です。年配の方は、一九七〇年のよど号ハイジャック事件において、赤軍派が北朝鮮に向かう際に人質の身代わりになった運輸政務次官の山村新治郎氏を思い出されるかもしれません。身代わりは損な役回りというニュアンスがありますね。

八岐大蛇《ヤマタノオロチ》伝説をはじめ、人身御供《ひとみごくう》や人柱に関する伝承も日本には残っております。天変地異や疫病の発生、不作・凶作に対しては、祈願するしかなかった種々の民の時代のことです。古代メソポタミアでは、凶兆が現れた時に王が身を隠して身代わり王を立て、凶兆が過ぎ去ったときに身代わり王を殺害して葬儀を行い、再び王に戻ったという伝承もあります。

しかし、吉兆招福を祈る度に人が死ななくてはならないということでは、人の命はあまりにはかないものです。

秦の始皇帝陵には、大量の殉葬者に代えて陶製の兵馬俑《へいばよう》が埋葬されました。南アジアや東南アジア、西南アジアには供犠という儀礼が近代まであり、祖先や精霊に生け贄を捧げたり、悪霊を閉じ込めたりして屠《ほふ》るのですが、それは家畜です。日本でも平安時代に地蔵菩薩が大悲をもって罪人の苦を代わって受けるという地蔵菩薩信仰が生まれたといいます。

洋の東西を問わず、文明や宗教文化が発達するにつれ、人々は身代わりを人からモノや家畜、人の心を反映した宗教的観念に変えていったようです。この身代わりという発想は、宗教においても社会においても極めて重要でありながら、看過されているのではないでしょうか。

もちろん、現在でも厄除・交通安全祈願の身代わり不動尊が各地にありますし、私はよくは知らないのですが、ポケモンのワザに「みがわり」を作るというのがあり、自分のポケモンの代わりとなってダメージを受けてくれるのだそうです。カルチャーとして残存してはいるものの、その精神が現代宗教にどの程度継承されているのでしょうか。

一世行人が人々に尊崇されたわけ

山形県酒田市の日和山公園の一角に弘法大師開基と伝えられる真言宗智山派の海向寺があります。このお寺には、海向寺中興初代住職忠海上人（一七五五年入定）と九代住職円明海上人（一八二二年入定）の即身仏が安置されています。

元来、空海の説いた即身成仏とは、仏道の修行者が生身のまま悟りの境地に達して仏となるということであり、行者がミイラ化した即身仏とは異なります。

しかし、江戸時代の人々は教えが目に見えるものであることを求めたのでしょう。現在、即身仏は十七体が確認されており、山形県では湯殿山の大日坊（真如海上人）と注連寺（鉄門海上人）、鶴岡市の南岳寺（鉄竜海上人）と本明寺（本明海上人）、蔵高院（光明海上人）にあります。

私は山形県上山市出身なのですが、四十数年前、この地域の小学生は修学旅行で庄内地方の加茂水族館を見学し、湯野浜温泉に宿泊し、湯殿山の即身仏拝観が定番のコースでした。

そこでバスのガイドさんや寺院のご住職から聞いた話は今でも覚えていますし、現在もそれらの寺院で語られております。

即身仏となった上人は、飢饉や疫病、世の乱れや人の不幸せを救うために「大受苦」の行として数年間穀断ちをして身体から油分をそぎ落とし、最期は座棺ほどの穴に自ら入って竹筒の空気穴を残して埋めさせ、土中入定を遂げたとされます。入定して菩薩を助け、人々の願いに応えると信じられたので、ミイラ化した身体に袈裟をつけて本堂に安置され、これまで人々の尊崇を受けてきたということでした。

しかし、研究者たちの調査では土中入定の即身仏はなく、埋葬された上人の遺骸に処理を施して現在の姿になったものと考えられています。そして、即身仏となった「一世行人《いっせぎょうにん》」と呼ばれる修行者たちのことも分かってきました。

以下の話は、山岳修験研究者である鈴木正崇氏の著作（『山岳信仰』中央公論新社、二〇一五年）と、カリフォルニア大学サンタバーバラ校の助教授アンドレア・カスティリョーニ氏からの教示をまとめたものです。

羽黒山は崇峻天皇の皇子である能除太子、湯殿山は弘法大師が開基とされ、日本三大修験霊場の一つとして中近世に栄えておりました。羽黒山は天台宗、湯殿山は真言宗の影響下に入ったのですが、これら修験の寺院には、

①清僧（所領地が与えられた別当や妻帯しない僧侶）
②山内之衆徒（入峰儀礼や牛玉法印を配布、巡礼者の先達をなす妻帯修験者で宿坊を構える）
③一世行人（領地も顧客もなく、特定の支援者からの施しで苦行を行う行者）

と呼ばれる修験者がおりました。この一世行人は元来がよそ者、アウトローともいわれ、発心して受戒後、山麓の沢で千日行などを重ねました。食事や行場の住み処は施主が世話したのですが、戦国武将の直江兼続や最上義光なども戦勝祈願のために高名な一世行人のパトロンになりました。一世行人たちは、別行・上火・木食行、水垢離、神憑、加持祈祷などを行い、施主たちは高名な一世行人の死後、さらなる願の成就を念じて墓に葬られていた亡骸を即身仏として祀ったと考えられています。

私が子ども時代に聞いた即身仏の物語は少し書き換えられてしまったのですが、即身仏が土中入定したかどうかで宗教性の価値が定まるわけではないと思われます。その時代に人や世の救いを願って行に専心した修験者では最下層に属する行者がおり、そうした行者に自身の代参や行の身代わりを頼んで、行者の生活一切の面倒を見た人たちがいたという事実に胸を打たれます。

イエス・キリストは、ユダヤでは祭祀階層に属さず、ガリラヤの片田舎から出てきた宗教では食えない青年でした。神殿内でパリサイ人の宗教的権威を認めず、ローマの権力からも見捨てられ、瀆神《とくしん》者《しゃ》・謀反人として十字架に架けられ亡くなりました。死後、弟子たちは墓に赴きましたが、遺体はありません。弟子たちは身代わりの子羊、神のひとり子という伝承を今に伝えているわけです。

一世行人とキリストを比べるなど不遜にもほどがあるということであれば、カトリックや正教の聖人と比べてみると、死後、聖人の遺体がミイラ化され、教会堂に祀られ、多くの信者が病気の快癒や幸せを願って棺に触れて歩く姿は、山形県の寺院と変わらないと言うことくらいは許されるでしょうか。

なぜ納棺師の仕事に感動するのか

話を酒田の日和山公園に戻しましょう。

海向寺の道路を挟んで向かい側に、映画『おくりびと』（二〇〇八年）で主演の小林大悟こと本木雅弘が勤めた葬儀社「ＮＫエージェント」（旧割烹小幡）があります。この映画は、プロのチェロ奏者としての夢を諦めて故郷の酒田に妻（小林美香役の広末涼子）と帰った小林が、納棺師として独り立ちするまでの人間関係を描いた作品です。日本アカデミー賞最優秀作品賞を受賞しています。

主演は本木雅弘です。青木新門の『納棺夫日記』（桂書房、一九九三年）を元にしており、原作では、著者が元恋人の母親の納棺を行ったときに恋人が認めてくれたことで納棺師の仕事に誇りと自信を持てたという話になっています。映画では、妻が納棺師の仕事を認めてくれなかったが、友人の母親の湯灌・納棺の仕事を見て認めるという話に変わっており、何より舞台が富山ではなく酒田なのです

（青木新門『それからの納棺夫日記』法藏館、二〇一四年）。

青木氏は自分の仕事を認めてくれなかった叔父の最期に立ち会えて和解できたことや、孤独死して腐乱した遺体のウジ虫を片付ける際に、ウジ虫も必死で生きようとしていることに気づいた瞬間、ウジ虫が光って見えたという体験などを描き、納棺師の仕事や気づき、仏教に対する思いなどを多くの講演で語っています。

私はこの一節を読んだときに、私の教え子の大学院生が中国の仏教徒から聞いたという次のような話を思い出しました。

一九九〇年に妻の母が臨終の時を迎えようとし、家族は傍で順番に経典を読んだのだそうです。夫である話し手が一生懸命読経している時に、頭上に動くものを感じ、その後、皆で仏陀の姿を見たと

いうのです。仏陀が最初は粒のように小さく、徐々に大きくなっていき、金色に囲まれ、光を放ち、妻の母に入って消えました。その時、妻の母が微笑んで亡くなったというエピソードです。この話者は、この出来事をきっかけに真剣に仏教を信仰したと言います。

臨終来迎時の生者の顔は穏やかに、時に輝いて見えるという青木氏は、生死の場に立ち会うことを勧めます。そこで看取りを行うことや、死者の身体に触れることで感じ、分かることがあるというのです。

納棺師とは、本来遺族がやっていた死者の旅立ちの準備を家族に代わってやる仕事です。三世代家族が少なくなり、私の住む札幌でも六十五歳以上の世帯では半数以上が単独世帯になっています。そうであれば、看取りも家族による納棺も難しくなるでしょう。

納棺師の姿に感動を覚えるのは、大事な人を手際よく懇ろに扱っていただき、ありがたいという気持ちでしょう。

身代わりへの感謝が薄らぐ時代に

自分でできないことを自分に代わってやってくれる人に対して感謝するという発想が近年薄らいできているように思われます。

子どもにものを教えるのは難しいことで、保育園や幼稚園、学校の教師の手を借りないと人は一人前に育ちません。葬儀にしても、死後の祀りにしても、自分や家族だけではできません。人や専門家の助けを借りていると思えば、尊敬と謝意がそこに生まれます。

ところが、寺院における葬儀・法事の布施をめぐる種々の問題には、サービスや対価、満足度といった言葉が並びます。身代わりの発想と謝意が、法務を依頼する側にも法務を提供する側にも欠けているのではないでしょうか。

宗教的行為だから経済的価格設定になじまないというのは、説明として抽象的すぎます。実感的に分かる言葉と姿で見せていくことが必要ではないでしょうか。納棺師の仕事に感動したと語る未だ寺とは縁を結べていない人たちに、本人や家族に代わって毎日追善供養をなす僧侶の日常生活をどう伝えていくのか、その工夫が求められているのかもしれません。

3 日本の将来もお寺の未来も女性が決める

中国留学生のライフプラン

これまで生老病死のうち老病死を主に取り上げてきましたが、今回は「生」のことを考えてみましょう。私の指導院生は十数名いるのですが、中国人留学生が半数を占めます。十年くらい前まで学期の初めに授業料免除申請のための推薦書をみなに書いていました。しかし、この数年、留学生に推薦書を書いていません。アルバイトに追われるのは日本人大学院生であり、中国人留学生は親の仕送りだけで暮らせる、日本人より豊かな中間層に変わったのです。

留学生たちは留学中に相手を見つけるのが早く、結婚している博士課程の院生は珍しくありません。他方で、日本の大学院生は男女とも晩婚ロードです。「君たちは青春しているねえ。一途だねえ」とひやかすと、中国では恋愛・結婚が大変なのだと真剣に応じます。

驚いたのは、

①高校生までは原則恋愛禁止、大学受験勉強に専念させるという社会通念があること
②戸籍の区分（都市戸籍と農村戸籍／北京や上海など大都市の戸籍と地方都市の戸籍）から自由になれるのは大学進学と就職、および不動産取得の時期しかないので、移動（地域移動と階層移動）の機会をつかむことにみな必死であること
③男性が結婚するためには持ち家（都市ではマンション）が最低条件であって、クルマを持っていないともてない

などです。

「中国の男性はつらいね」というと、大半の金は親が用意してくれるので自分はいいが、男の子が二人いると親の昼食が粗食になるとも。男子選好の儒教的な東アジア文化も今は昔となりにけりでしょうか。

「じゃあ、女性は幸せだね」というと、中国では専業主婦という選択肢がないので、いい男を探すのも大変だし、結婚後も家事育児の苦労があり、男の子が生まれたら教育に神経をすり減らすとのこと。

そして、持ち家の条件は、大都市で評価が高い学校に通うためにその校区に住まなければいけないし、車で子どもを送迎するのも安全面から当然とのことでした。孟母三遷の教えはここに残っていました。中国の大都市の不動産価格は東京山手線内側並なので、夫婦共働きだけでは買えません。親の協力も必須で、孫育てのために移住してくる老親も珍しくありません。家族の総力を挙げて生き抜く

のが中国の現実です。

ちなみに、二〇一〇年時点の三十〜三十四歳の男女における日中の未婚率を見ると、日本は男47・7％、女34・5％で、中国は男12・6％、女5・35％です。中国の結婚に対する社会的プレッシャーや個人の焦りは日本と比較にならず、不動産・車を含む恋愛・結婚市場こそが中国経済の原動力ではないかとも思えます。恋愛、居住地域、ライフスタイルや政治信条すべてにおいて自由な日本人には想像が及びません。何でも先のばし可能で、もう車なんて興味ないというサトリ世代の日本の若者とは違って、二十代なら「ボーっと生きてんじゃねーよ！」というのが中国の若者気質のようです。

もっとも、このセリフ、日本の若者向けというよりは、日本そのものに向けられてもいいのかもしれません。

人口減に効果的な施策は地方回帰

国連によると日本の人口は二一〇〇年には一九五〇年の水準、約八千四百万人になることが予測されています。国連では日本の出生率が１・７に回復と想定していますが、政府の中位推計＝出生率１・34で予測すると総人口は五千万人を割り込みます。その時、中国十億人、台湾千六百万人、韓国二千五百万人と少子化で減少し、他方でインドが十五億人、インドネシアが三億人、パキスタンが三億人など、南アジアが大幅に人口増加し、アフリカ諸国と合わせて世界の約77％がアジア、アフリカの民となります。

　一九五〇年当時、インド・中国を除けば、アメリカ、ロシアに続いて日本は世界第三位の人口大国でした。ドイツ、イギリス、イタリア、フランスが続きます。人口規模と国力は比例していました。二〇一七年では、日本が第十一位に後退し、インドネシアやブラジル、メキシコ、ナイジェリアといった新興工業国が入ってきました。二一〇〇年になると、日本は二十九位に順位を落とし、アフリカ、東南アジアの諸国の後となります。アメリカとロシアを除き欧米諸国はこの間にはありません。市場経済において内需である人口こそ市場の牽引役です。この時、東京都は人口を半減させた約七百万人となり、高齢化率は46％です（World Population Prospects 2017、生活総研「未来年表」）。

　東京は二〇二〇年をピークとして人口が漸減していくことになるのですが、その間、進学・就職の流動人口含めて若者世代を吸引していきます。

　二〇一七年、北海道の約一万四千人の人々が東京へ流出し、逆に約一万人の人々が流入しました。流出人口と流入人口を男女別で見るとどちらも男性が多いのですが、流出人口では男女比が86％であるのに対して、流入人口は71％です。女性の差し引き流出率が地方では高いのです。埼玉県を除き、どの県でもこの傾向が見られ、そもそも流出人口だけでも女性の方が男性を上回っている県が五県（秋田、岩手、長野、新潟、山形）あります。長男が残りそうな地域ですが、配偶者は見つかるでしょうか（天野馨南子「データで見る『東京一極集中』東京と地方の人口の動きを探る」ニッセイ基礎研究所、二〇一八年）。

女性の流出率が高いと当然のことながら、その地域の女性人口が減って、中年以下の女性の減少は子ども数の減少＝人口の自然減に直結します。人口の社会減（流出人口から流入人口を除く）に加えて自然減が人口減少を加速化します。出生率が一番低い東京都（１・21）へ出生率の高い県から女性が移動するのですから、日本全体の出生率と子ども数が減少するのは当然なのです。この出生率と最も関係が深い数値が持ち家比率です。

政府は待機児童の解消に莫大な予算をつぎ込んでいますが、東京都のような大都市において子育て環境（居住スペース、学校や職場との近接性、ワークライフバランスなど）の整備には費用対効果が薄いのも事実です。それよりも地方に若者を呼び返すための方策に予算を投下した方が出生数の回復には効果が高いのです。

ただし、日本は中国のように社会政策として移動の制限はできませんから、女性が地域に留まる、戻る誘因を創成することが必要です。この点でインフラ整備の公共事業はいかに国土強靭化に資するにしても、若い女性が地域に残ろうという動機付けにはあまり力になりません。女性の仕事や、地域で若い夫婦が生活を楽しめるようなイベントや施設の提供など、曲線的・間接的な施策を考案すべきです。

そのための知恵は、おそらく私を含めて中高年男性ではいまひとつのものしか出てきません。地方議会、自治会、職場の管理職などで男女比を見直すことは、平等や女性への配慮という理念以上に、地域社会や日本全体が生き残っていくために効果的なのです。

このことは、寺院、葬儀、お墓の問題にも言えるのではないかと思われます。

増える檀那寺未決定層はどうなる

終活ブームは七十代前後の女性が牽引していると言われますが、親・義理の親の介護経験に加えて配偶者を見送る可能性が高く、人生の最終段階について現実的な認識を持たざるを得ないからでしょう。私が実施した樹木葬墓地の調査でも購入を決定した人は三分の二が女性でした。檀那寺をまだ持たない人たちや親世代までの墓じまいを考える人たちにおいて、最終的な意思決定を行うのは女性である確率が高いのです。

寺院関係者が日常接するのは檀家であり、住職は総代などの高齢男性、坊守など寺庭婦人は檀家の中高年女性でしょう。檀家対応は法務・檀務の中核ですが、対象人口は減少の一途をたどります。檀徒の高齢多死化が続くのですから当然です。二十年後どうするのかという地方寺院の危機意識はここにあるのですが、地方都市であっても檀那寺を持たない人たちは少なくないのです。いわんや大都市では檀那寺未決定層が多数派でしょう。

いやいや、そういう人たちは大手の葬儀社かネットを通じた葬儀社に葬儀一式を依頼するだろうから寺は手出しできないと思っている方が多いと思います。葬儀社からの依頼を座して待つだけの寺院が多いのは承知しておりますが、それでいいのでしょうか。

私は親に代わって終活（終末期医療の選択、葬儀を行う寺院への依頼、葬儀社とのやりとり）を一年以上かけてやったのですが、地方都市では墓まで心配してくれないのです。

公営墓地がないので、葬儀後、遺骨を埋蔵もしくは収蔵するお墓や納骨堂を札幌に持つか、故郷で墓地がある檀那寺を探すしかありませんでした。幸い、父方の宗旨でもある日蓮宗の妙正寺を直接訪問し、住職と何度も膝詰めで話して、葬儀・法要・納骨までお世話になることができました。家族や親戚、隣組の人にも満足してもらえたと思っております。

私自身は過疎地寺院の調査研究をしているので寺院訪問は慣れていますし、住職さんとも気後れせずに、お金の話までできます。しかし、女性たちはなかなかそういかないのではないでしょうか。

寺院の窓口は女性の方がいいわけ

宗派別の女性教師の割合（二〇一六年）は、日蓮宗（11・４％）、曹洞宗（３・１％）、天台宗（８・６％）、高野山真言宗（12・９％）、浄土宗（８・７％）、浄土真宗本願寺派（14・１％）、真宗大谷派（15・４％）です。

しかし、住職の比率となると教師比率の高い日蓮宗（５・２％）、浄土真宗本願寺派（３・６％）、真宗大谷派（1・6％）と、まだ少ないのです。女性僧侶の類型としては、①尼僧、②住職夫人、③寺族の娘、④在家出身ですが、②と③で約七割を占めます（丹羽宣子「日蓮宗に見られる女性僧侶の多様性」『國學院大學研究開発推進機構　日本文化研究所年報』二〇一八年）。

現代日本の寺院仏教は、宗規の位置づけはどうであれ、住職の僧侶と寺庭婦人の二人三脚で維持されていますが、女性僧侶の役割は増していくのではないでしょうか。

近い将来、夫婦とも住職で複数寺院を兼務したり、女性住職と男性坊守（あるいは自営や勤め人）で寺院を護持したりすることが稀ではなくなるでしょう。

葬儀・法要にかかる終活の主役は女性です。その相談窓口に女性僧侶がなり、寺院作りも女性主体で行っていく方が新檀家向けではないでしょうか。

4 女性僧侶に女性らしさは必要なのか

歴史宗教とジェンダー

二〇二〇年二月に、丹羽宣子著『〈僧侶らしさ〉と〈女性らしさ〉の宗教社会学―日蓮宗女性僧侶の事例から』（晃洋書房）、三月に那須英勝・本多彩・碧海寿広編著『現代日本の仏教と女性―文化の越境とジェンダー』（法藏館）の寄贈を受けました。仏教関係の書籍を贈呈されることが稀な私にとって、日頃から気になっている話題だったので、すぐ読んでみました。この二冊を紹介しながら、ジェンダー（性別役割）に依らない寺院運営の展望を考えてみます。

少し、大本のところから始めましょう。紀元前五世紀頃成立した仏教、二世紀くらいまでに形作られたキリスト教、七世紀に成立したイスラーム教は、いかに普遍的な宗教であったとしても、その時代のジェンダー観を有する歴史宗教です。ですから、ジェンダー平等をめざす現在の人権感覚や社会のあり方から見て、宗教者（僧侶・神父・神学者）の望ましい資質や信者が従うべき規範や生活様式、服装やふるまい方に至るまで古色蒼然とした男女の役割規定が盛り込まれていたとしても不思議ではありません。教えを説いた釈迦、イエス、ムハンマドにジェンダーへの囚われはそれほどなかったかもしれませんが、少なくとも、異端・異説を排除して聖典を編纂したり、宗派・教派の開祖たちの言説を集成したりしてできあがった経典は生身の人間が作り上げたものです。時代的な限定性に由来する種々の差別的内容に普遍的な意義を認める必要はないでしょう。

『現代日本の仏教と女性』において岡田真美子氏は、女人成仏のし難さをめぐって転女成男《てんにょじょうなん》をモチーフとする仏典研究の現状を紹介します。特に法華経の龍女成仏譚《りゅうにょじょうぶつたん》を例に、日蓮によれば、変成男子となった龍女の姿は成仏往生した姿として舎利弗の面前で見せたものであって、実質は女人のままで成仏しているのだそうです。ですから、女人五障説や変成男子説は仏典の誤読であって、「八敬法《はっきょうほう》」などのように比丘の下座に比丘尼がいなければいけないという仏説は誤釈に基づく珍事とされます。

その他、女性差別的な経典として血盆経《けつぼんきょう》があります。これは中近世に日本に広まった中国由来の経典であり、女性は産褥や月経、堕胎などの罪業により血盆地獄へ墜ちるので、一層の信心が必要であるというものです。女性に対するけがれ意識にも通底しますが、女性を救われるべき存在ということで一層低く見る見方をおし進めたものと言えましょう。

こうした女性蔑視の教説は女人禁制という聖地のあり方にも通じます。本来は女性がけがれているからというよりも、男性出家者や修行者が女性と空間を同じくすることで行の妨げになるという禁欲主義に徹するために設けられたのでしょう。男子禁制の女子修道院も同じことです。

ところが、日本仏教では持戒の僧侶が少数派だったわけで、成道の妨げになるから女性を遠ざけるという理屈が成り立ちません。そこで、女性のけがれという発想が男性僧侶に好まれたのではないかと私は推察しています。

いずれにしても、明治以降は公式的に妻帯仏教となり、清僧だけ入山を許されるような山域もないのですから、女人禁制が原理的に成立するわけがないのです。もっとも、女性蔑視の発想さえなくなればジェンダー不平等の問題は解消するのかというと、そうではありません。日本仏教の女性僧侶が抱える問題はそこではなく、寺檀制度同様「家」の仕組みで継承される寺院そのものに由来するのです。

調査報告から見る女性僧侶の葛藤

僧侶とは得度の後、度牒の交付を受けて僧籍に入り、満行した後に僧階を授けられた人の総称であり、丹羽宣子氏が調査した日蓮宗では教師と呼ばれます。教師に男女の別はありません。男性教師の多くは十代、二十代で寺の跡継ぎとして度牒を受けることが多いのに対して、女性教師は三十代から六十代にかけて寺を守るために受けていると言われます。二〇〇二年に実施された日蓮宗全女性教師アンケート報告書によると、信行道場入場時に未婚者は約27％、既婚者約44％、離婚者約11％、死別者約13％、無回答約４％となっています。

　ところで、日蓮宗には尼僧法団があり、剃髪・非婚が入団の条件とされます。いわゆる尼僧になる女性は尼寺で師僧の養子となった人や中年期に発願・出家した人です。尼僧を含む女性教師の数は二〇一八年で全教師数の約11％、約九百名です。

　丹羽氏は十一名の尼僧ではない女性僧侶にインタビュー調査をしており、現住職が六名、住職が予定されている衆徒が三名、二名が夫や父が住職である衆徒です。うち在家出身は二名ですが、夫が住職である人です。残りの方は寺院出身であり、後継者を期待されていなかったものの自然と継ごうという発心が芽生えた二十代の人や、夫が一般職であるために自身が寺を継いで住職となった人もおります。女性僧侶の有髪は二名であり、残りは剃髪です。剃髪は教師や住職の条件ではありませんが、法務に従事する際、剃髪が僧侶の形として望ましいと考える人が多いのです。その理由として女性僧侶が僧侶としてマイノリティであることもあり、男性僧侶や檀家からの視線をより意識し、僧侶としての誠意や真剣さを剃髪で示そうというのです。ただし、若い女性僧侶の場合、僧侶以外の役割で日常生活をおくる時にはウィッグ（かつら）を付けることもあるとされます。

　もう一つ、女性僧侶が意識していることは僧侶社会が男性社会である点です。儀礼や会合の場面において出過ぎないことを心がけることに始まり、研修を受ける機会が少ないために僧階を上げにくい、宗政においてリーダーシップが取りにくいという問題もあります。研修や会合の多くが夕方や出張を要するものであるために、寺院や家族をそのままにして出かけるわけにはいかないということで、いきおい出なくなるというのです。男性僧侶には寺庭婦人の内助の功が期待されるのに対して、女性僧侶ではできないからだそうです。

さらに言えば、女性僧侶には「女性ならでは」の役割をなお期待されるために、檀家の高齢男性に対しては住職であっても、寺庭婦人の役割も期待されるということもあります。こうした点は葛藤を伴うのですが、一方、地域で活動するときは女性として相談されやすい、寺院を子育てサロン的に使う工夫がしやすいなど利点もあるようです。

寺院を継いだ女性のプレッシャー

日蓮宗は女性教師が多い宗派に属しますし、女性の宗会議員もいます。しかし、女性僧侶はジェンダーの問題に悩むことが多く、『現代日本の仏教と女性』に登場する有髪の女性僧侶でも同様の経験が記されています。

私はこのような記述やジェンダー差別を取り上げる発言を聴く度に、もったいないと思うのです。つまり、旧慣に露呈する差別意識や、女性ならではといった「善意の配慮」が、女性僧侶に葛藤を抱かせたり、プレッシャーをかけたりして女性僧侶のエネルギーや時間を奪っていくからです。

そうでなくとも、男性僧侶同様、寺院に生まれたものとして自坊を継ぐのかどうかという選択に迫られ、僧侶という生き方に自分の身を合わせることで悩む若い僧侶は少なくありません。これが在家出身で、なおかつ僧侶の配偶者になったからということでもなく、自ら発心の後に僧侶を志した人であれば、〈僧侶らしさ〉と自己のアイデンティティとで葛藤する場面は少ないはずです。もちろん、発心といってもさまざまな形や時があるでしょうから、寺院継承を意識した時点や実際に僧侶となってからの発心であったとしても、在家出身者の発心ほど深いものではないとは言えません。むしろ、寺院育ちで育まれるこころこそ、発心後のこころを先取りしている可能性も高いのです。

日蓮宗教師の寺院出身者の割合は、約四十年前には50％台であったのに、現在は70％を超えています。ただし、今後は檀家や墓の継承がままならない人口減少と個人葬の時代となるので、寺を子に継がせる寺院は激減していくでしょう。寺院出身者が継がない寺を在家出身者が継げるかどうか、そこを盛り立てようと晋山するかどうか。ということを考えると、寺院の総数は減少していっても、世襲率は高止まりではないかと考えられます。

いずれにしても、現状、女性僧侶は〈僧侶らしさ〉と〈女性らしさ〉の二重のアイデンティティ問題を抱えており、ここでかなりのエネルギーを使っているということのようです。男性僧侶に〈僧侶らしさ〉だけが期待されることに比べて負荷が高いのです。自身のアイデンティティ問題に加えて、寺院運営の経営的危機は荷が重すぎます。目下の課題はここにあって、男女を問わず知恵と力を出し合わないと宗派仏教自体が世代を超えて継承されないのです。

「しあわせ」の形を示してほしい！

書籍で自身の体験を執筆している女性僧侶の方はそれなりに葛藤を解決した方が多いようです。もう一つの寺院コミュニティというか地域コミュニティの伝統は年長者の尊重です。女性住職も経験を重ね、年配者となるに及んで発言力が増し、若いときのように軽くあしらわれることが減っていくようです。問題は、現在の若い女性僧侶や宗徒の人たちがそれまでガマンしてくれるかどうかでしょう。

女性僧侶の幸せ感が、男性僧侶（この言い方はないのですが）と比べて低いのであれば、そこを上げる工夫が必要です。在家の私が言うのもなんですが、女性であれ男性であれ、僧侶が不幸せ感を漂わせているようであれば、遠ざかりたい気分になります。僧侶だから仏教の教えや救いそのものを体現してくれとまでは言わないのですが、自身の生きる道として選択した僧侶のみなさんには「しあわせ」の形を示してほしいものです。

布教・教化では檀信徒や一般の人々への働きかけが論じられますが、言葉にしなくとも伝わる「落ち着き」や「しあわせ」感を寺院コミュニティのなかに醸成していくことが先かなと思われます。そのために、僧侶として落ち着いていられない寺院運営の悩みや、しあわせからほど遠い男女差別やプレッシャーなどの諸問題があるのであれば、それらの問題を顕在化していく試みが進められるべきでしょう。

5 自己完結型人生観で真の幸福になれるか

出生前診断と医療的ケア児

二〇一九年三月二日、「新型出生前診断」をなす医療施設の条件を大幅に緩和する案が日本産婦人科学会で了承されました。従来、診断が全国九十二カ所の総合病院だけに制限されていたために、認可外の施設で血液検査や染色体異常の診断を受けるカップルがいることを受けた措置と説明されています。認可団体だけの統計によれば、この五年で約六万組が受検し、陽性反応が出た妊婦約九百人の九割方が中絶したとされます。

日本ダウン症協会は、現在、そして今後のダウン症児やその家族に社会的偏見や予め排除すべき命の質があるといった通念が生じる懸念を表明しています。同時に、受検したカップルへのカウンセリングや妊娠継続を選択したカップルへのケアが十分ではないままに、出生前診断が普及することも危ぶんでいます。

日本でダウン症児は数万人とされていますが、近年は医療的ケア児の数も増えています。全国医療的ケア児者支援協議会によれば、平成二十五年度で約二万五千人であり、毎年増えています。医療的ケア児は、新生児集中治療室で救命された超未熟児や先天的な疾病を持つ乳幼児で、痰の吸引や経管栄養、酸素吸入などによって生活や学習が可能です。しかしながら、保育・託児の施設や教育施設が十分ではないために家族主体のケアが継続されます。協議会によれば、親の約九割が睡眠不足であり、家族は子ども中心の人生設計を余儀なくされます。

私にはダウン症児を持つ友人や医療的ケア児を持つ親戚がおりますが、家族で支え合って生活しています。親は自分たち亡き後のことをいつも心配しています。子を持つというのはカップルの選択ですが、どういう子が生まれてくるか、子どもがどう育つかは親や医師の計らいを超えています。医療技術の進展は、人間に難しい課題を突きつけるようになりました。親だけでは背負いきれないほどの子育てを課すことにもなったのです。成人したら子は自立するのが当然のようにも考えられますが、自立・自律が極めて困難な人たちがいます。社会保障の真価が問われます。

オランダ安楽死法のすべり坂とは

実のところ、健常者として成人しても、その後の病いや老いによって自立・自律が困難になる局面があります。健康寿命から死亡までの間でいえば十数年は老いと病いに向き合わざるを得ず、最後の数年間に相当の確率で認知症になるかもしれません。法律や社会生活において個人は自律的主体とみなされており、私たちもそうあるべきという価値観を持っているのですが、このことが私たちに精神的負荷をかけています。

日本では認められていませんが、オランダでは二〇〇一年に医師が患者からの申し立てにより致死薬を投与できる安楽死の法制化がなされ、現在年間約六千人が病死の前に亡くなっているとされます。多くは末期癌など難治性の病気であり、精神疾患や認知症の人もそれぞれ数%おります。本人が家庭医に生への意思がないことを申し出て、地域安楽死委員会で審査を受けます。左頁の表に生命終結の際の注意深さの要件を簡単にまとめています。

オランダの当局者によれば、安楽死は法に基づいて厳格に施行され、高学歴の人たちが多いために「すべり坂」にはなっていないと説明されます。すべり坂とは、低所得の人が十分な医療を受けられないために、あるいは障害者が家族や社会から厄介者扱いをされ被害を受けるということです。

しかしながら、オランダでも医師や法律家から反対や批判が出されているように、注意深さの要件が、制定時と現代では合わなくなっている可能性もあるのです。第一に、癌の疼痛はかつて耐えがたい苦痛そのものでしたが、現在は緩和ケア医療が進み、疼痛は自宅でもコントロールできるようになっていますし、セデーション（鎮静）によって意識を落として苦痛を和らげることが可能になっています。そして、原理的な問題として、第二に、精神疾患を理由に人生にピリオドをうちたいという志

オランダ安楽死法における生命終結を認める審査要件

❶患者の要請が自発的で熟慮されたものであること
❷患者の苦痛が永続的で耐えがたいものであること
❸患者の病状・予後について十分情報提供していること
❹患者の病状の合理的解決が他にないこと
❺複数の医師の診断がなされていること
❻医師が注意深く生命終結を行うか自死を介助すること

向性そのものが精神疾患の一つ、たとえばうつ病の症状ではないかということです。そうであれば、治療の対象になるはずです。第三に、認知症になった人の場合にも、その人の認知症になってまで生きていたくないという生前の意思を尊重して認められた例がありますが、重度の認知症になった時点でそれまでの悩みから解放され、残された人生を生きられた可能性があります。

オランダで安楽死が受け入れられた社会的背景としては、個人主義的人生観を持つ人が多いことが指摘されています。自律的でなくなる、自分で自分の人生を決められないと、自分の価値がなくなったと感じてしまうのです。キリスト教の信仰者が減ったことなども、その理由にあげられています。いのちは神の御手の中にあると考えるキリスト教徒は安楽死に反対し、緩和ケア医療を求めるとされます（松田純『安楽死・尊厳死の現在―最終段階の医療と自己決定』中央公論新社、二〇一八年）。

安楽死は自殺とどこが違うのか。自らいのちを断つことも個人の自由、自己決定として尊重されるべきなのかなど、この問題は難題です。

以下では、自己完結型の人生観で人は幸せになれるのかということを考えてみます。手がかりとして西欧の哲学史から幸福論を解説した長谷川宏氏の議論を参考にします（長谷川宏『幸福とは何か―ソクラテスからアラン、ラッセルまで』中央公論新社、二〇一八年）。

人を幸せにするための思想の歴史

長谷川はギリシャ哲学の時代、啓蒙主義の時代、世界大戦の時代に分けて記述しています。ポリス市民社会の時代、ソクラテスからプラトン、アリストテレスまで人の生と共同体の生は重ねられるべきものでした。善き生き方（倫理）は善き統治（政治）と一致するものであり、ソクラテスは問答によって市民を啓発することに生の充足を見いだし、ポリスの決定には悪法も法であるとして毒杯をあおぎました。アリストテレスは学問をする時間と弟子の教育に生の充実を味わったとされます。自律的に論理的に思考すること、それ自体が善きことであり、善き結果をもたらすことになるので、幸福な人生とされたわけです。

ところが、古代ローマ帝国の時代になると政治は、善き生き方から離れて権力を奪取・維持すること自体を目的とするようになります。ストア派の哲人たちは政治から身を離して心の平安を保つことに価値を見いだし始めます。この後に続く中世の時代、人は神の国の住人として神の意志を実現することに心をくだくことになるので、幸福とは信仰や救済と同義になっていきます。長谷川はこの時期に人間の幸福はそれ自体として考えられなかったとしています。

中世から啓蒙主義、産業革命の時代になると、人が幸せになるための道筋としてイギリスの経験主義的な啓蒙思想とフランスの革命的な啓蒙思想が形作られます。前者は、アダム・スミスに代表されますが、人間の本性として共感を取り上げ、人は社交と会話を通じて悲嘆を癒やし、苦難に耐え、気持ちの安定性を維持できるとします。そのうえで分業によって国富を増やすことで豊かになっていけば、まことに幸せな人たちが増えていくというわけです。フランスでは自由と平等がめざされ、そのために王党派と市民派の闘争が繰り返されます。思想やイデオロギーに殉じる生き方が是とされる熱狂・陶酔の充足感がありました。

十九世紀後半から二十世紀前半にかけては、植民地獲得をめぐる戦争や、二つの世界大戦、ロシアと中国の二つの社会主義革命を経た時代でした。政治的正しさのために一億人もの人命が失われた時代です。ギリシャ時代とはレベルを異にしますが、個人の生と国家の生が重ねられ、この時期は国家が個人に善き生き方の模範を強要することになります。

しかしながら、心がいつもざわめくようでは幸せなひとときは訪れません。長谷川はアラン（エミール＝オーギュスト・シャルティエ）の『幸福論』とバートランド・ラッセルの『幸福論』を引用します。アランは、現実に対して距離を置き冷静に見ることで種々の観念に振り回されず心の平静さを保つこと、日常生活と友情を大切にすることなど、個人に介入する国家やメディアに惑わされないことを説きます。ラッセルは、常識的であること、何事にも興味関心を持つこと、自己にこだわりすぎず、大地と他者に関わることなどを述べます。そして、何よりの幸福は愛する人が幸福であるのを見ることだと言うのです。

宗教思想は何のためにあるのか!?

二人とも自律的で研ぎ澄まされた思考の持ち主なのですが、いわば人間や歴史・社会の本質的理解をめざしたイデオロギーや心理主義から距離を置き、食事や社交といった日常生活に喜びを感じ、心を平静に保つための工夫をしながら、淡々と生活することに幸福があるのではないかと結論づけます。そこには政治的熱狂や宗教的至福も要らないとされます。

長谷川の結論もいたって平凡です。西欧の哲学者や思想家たちが精神の自律と人との交わり、心の落ち着きが揃っていてこそ人は人生に満足でき、それを幸せと呼べるのではないかと述べたように、日常生活において味わうべきものを味わえるときこそ幸せではないかというものです。

誰もがこの日常生活を送れるように社会保障や社会支援が必要です。その理由は、人間は自然災害や戦乱、人生の浮き沈みに遭遇します。この偶然性を恐れることなく楽天的に人生を送るためには、幸福を感じられる余裕と社会生活、そしてセーフティーネットに協力することが要るのです。人を支えることが喜びや幸せ感を生むと哲人や思想家たち、何よりも宗教思想が数千年の間説き続けていることも付言しましょう。

第4章

人の最期に仏教は必要か

1　逝く人と看取る人に、送る僧ができること

臨床宗教師の資格は必要か

『中外日報』（二〇一七年八日二日付）において、メディカル・シェアハウス・アミターバを運営する沼口諭氏と「同和園」養護老人ホーム附属診療所所長の中村仁一氏が「臨床宗教師の資格は必要か」と紙上討論をしました。真宗大谷派僧侶でもある沼口氏は終末期医療への取り組みから、日本の伝統的な宗教文化に慣れ親しんできた高齢者に合ったスピリチュアル・ペインのケアが必要だし、老いや病と向き合う助け手として「臨床宗教師」の役割があると考え、五名の資格者を雇用し、臨床宗教師の研修生も受け入れています。臨床宗教師が医療・介護スタッフと共に在宅・医療施設での緩和ケアに従事できるよう制度化を求めます。

それに対して、『大往生したけりゃ医療とかかわるな』（幻冬舎、二〇一二年）の著書がある中村氏は、医療の基本は自然治癒力であり、老病死の限界を超えようと医療に過剰期待するのではなく、患者も老人も本人が覚悟して生きるしかないと言います。僧侶がやれることは仏事や教化活動で日常的に檀

家や世間の人に関わることであって、終末期に特別なスピリチュアルケアがなせるというのは期待しすぎではないかと、いささか辛口の意見でした。

お二人とも医師でありながら、臨床的仏教への視線が異なります。沼口氏には、臨床宗教師となった僧侶は医療スタッフ同様に専門職として、初診・初対面との相手でも傾聴によって良好な関係を結び、残された期間を生きることや逝くことの不安を抱えている人の相談者になる方向で考えます。そして、臨床宗教師は、僧侶が法務で布施を受けるように、スピリチュアルケアにおいて専門職として報酬を得られるようになることも射程に入れているように思えます。一方、中村氏は、むしろ臨床的仏教の現場を臨終行儀に限定せず、専門職よりも宗教者として仏教本来の知恵を世間に還元するべきではないかという立場です。仏教を医療の枠に組み込むことでかえって不自由になることもあるのではないかというのです。

それぞれに根拠のある話です。私は医療の現場で活躍する臨床宗教師が増えていくのは一つの方向性だと考えますが、終末期における看取りやスピリチュアルケアの中身や条件は世代や時代と共に変化する可能性もあります。沼口氏が語る慣習的宗教文化を身につけている今の後期高齢者や、「臨床宗教師」という言葉を最初に提唱した故岡部健医師が在宅緩和ケアを実践していた東北地方には、独自の宗教文化がありました。お坊さんの言葉を聞き、「お迎え」にリアリティを感じる世代の人々です。その次の団塊の世代、今五十代、六十代の私たちの世代、団塊ジュニア世代はどうでしょうか。

看取りの現場ですが、そこに至るまでのライフコースにおいて今後大きな変化が生じます。自宅死が病院死より多かった時代、高齢者は子どもたちや孫に看取られました。八割方の人々が病院で亡くなる現代でも、手を尽くしてもらえます。家族や医療スタッフによるケアがあってこそのスピリチュアルケアなのですが、高齢多死社会において病院死から在宅・施設での死、お一人様の死に大きく転換していきます。社会保障や病院施設が手厚い時代に想定された老病死のスピリチュアル・ペインよりも、現実の生の苦の方が大きくなる可能性もあります。二十年後、三十年後に人生の最期を迎える現代の働き世代が抱える生の苦についても、臨床宗教・臨床仏教の射程が拡大されなければ、これからの死の現場が見えてこないのではないでしょうか。

サンドイッチ世代の苦悩とは何か

サンドイッチ世代とは、一九八〇年代初めにアメリカのドロシー・ミラーとエレーン・ブローディーという二人の研究者が使い始めた言葉で、①長引く不況のために子どもが大学卒業後も自立せず、親世代と子世代共に扶養義務が生じた世代を指し、②とりわけ、両世代へのケアが中年期女性の肩に重くのしかかっている実態の問題を指摘しました。

この時期、アメリカでも男性は経済面での貢献、女性は感情面でのケアという性別分業が残っておりました。当時の対応策としては、子どもを早く大人扱いして自立させなさいというもので、核家族

郵 便 は が き

お手数ですが
切手を
お貼り
ください

105-0012

東京都港区芝大門1-3-6

株式会社 興 山 舎 行

ご住所 〒 ー		
	電話	
お名前（フリガナ）	FAX	
ご職業	年齢 歳	男・女
※住職・僧侶・寺族等の方はお差し支えなければ下欄にご記入ください		
※ご宗派	※ご寺院名	

お申し込み欄『月刊住職』のご注文にご利用ください

1974年創刊　寺院住職と仏教界のための本邦唯一の実務報道誌

『月刊住職』新規購読お申し込み欄　月号より

年間購読料18,000円（約180頁／毎号別冊付録／税および送料込み）⬅**2024年7月**現在です

お願い　**この用紙をFAX（03-5402-6602）でもお受けいたします。**

このたびは本書をご購入いただき有り難うございます。今後の出版物の参考にさせていただきたく、下記のアンケートにご協力ください。

ご購入の本の書名

●本書へのご感想・ご意見などをお聞かせください。

◎お申し込み欄◎　小社刊行書籍のご注文にご利用ください

書名	著者	定価	番号	冊数
これからの仏教 葬儀レス社会 人生百年の生老病死 3刷	櫻井義秀著	定価2,530円	33	冊
明解 統一教会問題 宗教に無関心の人も宗教者でも知らなかった事実	櫻井義秀著	定価2,310円	43	冊
人は死んだらどこへ行けばいいのか（第1巻） 大増刷	佐藤弘夫著	定価2,420円	36	冊
激変する日本人の死生観 人は死んだらどこへ行けばいいのか 第2巻	佐藤弘夫著	定価2,310円	44	冊
認知症を幸せにするケース45	日髙 明著	定価2,530円	42	冊
本当の仏教 ここにしかない原典最新研究による	鈴木隆泰著	定価 各巻2,640円		
（大増刷 第1巻　冊）（第2巻　冊）（第3巻　冊）（第4巻　冊）（第5巻　冊）				
葬式仏教正当論 仏典で実証する 大増刷	鈴木隆泰著	定価2,640円	14	冊
住職に直言シリーズ 第2弾 当代著名人が初めてあかす 私の死生観と宗教観		定価2,200円	40	冊
住職に直言シリーズ 第1弾 各界第一人者25人による 今こそお寺に言いたいこと		定価2,530円	26	冊
仏陀の足跡を逐って	ルネ・グルッセ著 濱田泰三訳	定価4,180円	9	冊
マンガ de 仏教 111キーワード	佐々木正祥著	定価1,760円	38	冊
みんなに喜ばれるお寺33実践集	松本紹圭 遠藤卓也共著	定価2,530円	37	冊
子育てから看取りまでの 臨床スピリチュアルケア	井上ウィマラ著	定価2,420円	30	冊
人口減少寺院の底力 地方紙記者のインパクトルポ	桜井邦彦著	定価2,200円	28	冊
みんなを幸せにする話し方	露の団姫著	定価1,870円	29	冊
お位牌はどこから来たのか 大増刷3刷	多田孝正著	定価2,310円	4	冊

●上記書籍の送料は2冊まで税込み330円、3冊以上は無料です。（書籍定価は税込み）
●書籍および月刊誌の代金は送本時に同封する郵便振替用紙にてお願いいたします。

（お申し込みは）ハガキ、または電話・FAX・メールなどでもご注文を承ります。

〒105-0012 東京都港区芝大門1-3-6

興山舎
KOHZANSHA

TEL 03-5402-6601　FAX 03-5402-6602
E-mail: jushoku@kohzansha.com
https://www.kohzansha.com/

世帯が基本のアメリカでも三世代同居のメリットをあげ、さらに老親扶養による減税も利用するなどして、働く世代が経済的破綻をしないよう忠告がなされました。セルフケアも大事だと。

その後、サンドイッチ世代は東アジアの現代家族の特徴を示す言葉としても使われるようになっています。日本・韓国・中国・台湾では、もとより同居で老親扶養をなす伝統的家族だったわけですが、近年は核家族、老親とは別居が普通になってきました。しかも、兄弟姉妹の数が減ったために、親の遺産を継ぐ長男（実質は嫁さん）に任せっきりにするといったこともできず、高齢者世代の年金も十分ではないので、これらの国では都市の子世代が地方の親世代の面倒を見ることが一般化してきています。日本でも、親に送金している人は少ないでしょうが、介護や感情面でのケアは家族の責任とされます。だからこその介護離職が増えているのです。

老後資金のないサンドイッチ世代

子世代については、小学校から大学まで、塾や習い事を含めた教育費の高騰と全面的な負担が東アジアの特徴であり、子どもが独立するまでに老後資金も使い果たしてしまう人たちが続出しています。

韓国の大学進学率は約70％と日本より17％高いのですが、親世代が多額の出費で支えてきました（二〇一四年）。韓国において六十五歳以上七十五歳未満の貧困率は45・7％（五十一―六十五歳では15・9％）、日本は同17％（14・4％）です（OECD 二〇一二年）。そして、七十五歳以上の自殺率（人口十万人あたりの自殺者数）は、韓国約九十人（五十五―七十四歳は四十二人）、日本二十五人（二十四人）と、高齢世代の貧困と絶望が問題になっています（二〇一三年）。

日本では全学生に占める奨学金受給者の割合が一九九二年の22・4％から二〇一四年度の51・3％まで増えてきました。有利子の貸与最大枠は月十二万円ですが、四年間の貸与総額が五百七十六万円、貸与利率が3％なので、学生たちは月約三万二千円を二十年かけて返済することになります。日本政策金融公庫が行う「国の教育ローン」は三百五十万円までを有利子（奨学金より低い1・8％の固定金利）で貸し付けますが、年間約千七百億円の融資実績があります（二〇一五年）。日本もアメリカ同様、定常経済の時代に入り、親世代の収入が伸びなくなってきたために子世代の奨学金や教育ローンが増えてきているのです。

おそらく、団塊の世代より下の世代は明確なサンドイッチ世代であり、自分たちの老後資金を貯める余裕もなく、六十代前半でもなお、長寿の親の介護を抱えて七十代に達するのではないでしょうか。定年後、悠々自適の年金生活など夢のまた夢であり、身体が動くうちは生活のために働く人々が増えていくでしょう。

日本は二世代くらい前の時代に戻って、働きづめで働いて死んでいくという意外にシンプルなライフスタイルが確立し、第二の人生の模索や終活からも解放されるかもしれません。皮肉なことですが、余裕のなさが迷いを取り除くということもありえます。

看取りと葬儀のスピリチュアルケア

臨床宗教師や臨床仏教師のプログラムでは、看取りの場に僧侶が関わることの重要性が説かれます。そのための傾聴の技能や心構えの実地研修もなされます。また、在宅緩和ケアにおいても、最期は家族に見守られ、看取られることを理想としています。そこで、僧侶が看取り・臨終場面での行儀・葬儀の場でどのような役割を担えるのか、現実的に考えてみたいと思います。

実のところ、私は家族ですら看取りを行うことはなかなか難しい時代なのではないかと考えています。地方に高齢の親をおいて都会で働く人間が数多くいるからこそ、盆正月の民族大移動がおきます。都市部で高齢者の介護施設を見つけるのは至難の業であり、まして自分のマンションに引き取ってというスペースも、介護力もありません。田舎で老老介護してもらった後、施設に入ってもらうのが現実的な対応なのです。訪問することはできても看取りまではできません。地方都市や都会でも三世代同居や近居ができている家族では看取りが可能かもしれません。しかし、そう多くはないでしょう。

臨床宗教師や臨床仏教師が看取りに関わるとすれば、まずは檀家、次いで依頼された家族、施設訪問になるでしょう。ただし、高齢多死社会と言われるだけあって亡くなる方の半数は八十歳以上であり、病院や施設で胃瘻、経鼻栄養や中心静脈栄養で命脈を保っている方も数多く、最期はいつか、いつ逝くのか定かではない場合、そばで看取りはできないでしょう。看取りや臨終行儀は、末期癌のように最期の一、二週間くらいまで比較的意識が明瞭であり、それがために死の不安や残される家族への思いが強い方に限られるのではないでしょうか。

葬儀・法要の方がある意味で、何歳であれ、どのような死に方をした方に対しても丁寧に的確に行うことができるという意味で、僧侶の役割としては大きいのだろうと思われます。その時に、葬儀・法要においてどれだけ遺族の悲嘆や事情に配慮した対応ができるのかが、僧侶に求められます。

二人称の死にスピリチュアルケア

葬儀の場で法話が語られますが、そこで語られる死は、客観的な第三者的な死ではないでしょう。それは医学・医療の上での死です。遺族を前にした死とは、家族・親族の死、あなたという二人称の死です。そして、誰もが経験する生老病死の死とは、人は死すべきものであるという覚悟を促す私自身の死、一人称の死です。こうした生と死の話を仏教の立場から講話できる機会がどれほど生かされているのでしょうか。臨床宗教・臨床仏教ということで一人称の死についてスピリチュアル・ペインを抱える人へのケアが強調されます。しかし、他方で、二人称の死に関して慰めと諭しを与えるスピリチュアルケアを法話でやっているという事実は意外に気づかれていないのではないでしょうか。ここで癒やされる人の数は逝く人の数より多いのです。ケアや看取りにおいて悔いを残した人たちのスピリチュアル・ペインにも思いをはせていただきたいと思います。

2

肉親の看取りに理想のかたちはあるのか

看取り・看取られる僥倖

看取りとは、死に逝く人をそばで見守ることです。家族に看取られる人は幸せでしょうし、親を看取ることができた人も幸せではないでしょうか。

在宅緩和ケアを受けながら最期の時を迎えた患者は、確実に家族に看取られることができます。そのためには家族に看取る覚悟と介護力があり、在宅での看取り経験がある訪問看護師や医師との連携が必要です。患者の容態が悪化した時に慌てて救急車で救急外来に運べば、救命救急の蘇生措置を受け、息を引き取る瞬間に立ち会えない可能性もあります。

高齢期の患者は老衰であれ、疾患であれ、徐々に衰弱していくので、今晩が峠というような最期の時が明確には分かりにくいと言われます。常時介護している家族であれば看取りは可能でしょうが、有職者や他所にいる人は死に目に会えない可能性があります。また、病院や施設でも夜間巡回中に亡くなっていたり、衰弱が急速なために病院から連絡を受けた家族が駆けつける間に亡くなったりすることもあるでしょう。

悩んだ末に海外出張を取りやめて

私の父親は二〇一七年八月二十九日の夜、午後八時五十分に亡くなりました。二年近く寝たきりであり、その間、経鼻栄養ができず何度か禁食状態になったり、院内感染したりと危ない状態もあったために、何度か海外出張を取りやめてきました。この度も八月二十九日から九月五日までポルトガルのリスボンで開催される日本ヨーロッパ学会への参加を予定していました。しかし、出発の一週間前に酸素吸入が始まったとの連絡を受けて、行くか行かないか三日前まで悩み、最終的に行くのを断念しました。

学会では部会を企画し、司会と発表の役割があったのですが、研究グループに入っている國學院大學の平藤喜久子教授から、自身の部会が別の日なので司会・原稿の代読が可能ですと連絡があり、お任せすることにしたのです。英語で司会し、原稿を会場で読み上げるというのは大変な仕事です。非常に助かりました。

札幌で待機していた二十八日に、四人部屋から個室に移ったと連絡が入りました。二十九日の仙台行き始発便に乗り、昼前にレンタカーで山形県上山市のみゆき会病院に駆けつけました。父の容態は比較的安定しており、主治医からはこの数日であることは確かだが、明日かもしれないし数日先かもしれないと告げられました。

ちょうど、この日から一週間の出張予定で大学内業務を入れないでおいたため、滞在が可能になったわけです。

静脈栄養の点滴を止めて看取りに

母親は朝から、妹は午後から病室に詰めました。夕刻、父が個室に入ったという連絡を受けて続々と地元にいる親戚が見舞いに駆けつけ、父の顔を見て、肌つやもいいし、大丈夫だと言って帰っていきました。中高生の孫たちも来ました。しかし、午後七時頃から呼吸の間隔が十秒から十五秒、三十秒と開き始め、その間無呼吸状態になったのです。看護師から確認してもらったところ危ないかもしれないとのことで、夕方に疲れて帰った母親を妹の夫に迎えに行ってもらい、夕食を済ませていない子どもたちを連れ帰ってもらいました。

八時から母、妹、私の三人がベッド脇で父を見守りました。呼吸は下顎呼吸や痰が詰まった時の咳のようなものになり、無呼吸状態も次第に長くなっていきました。その間、母親はすすり泣き、妹は、「長い間頑張ったねえ」と声をかけながら父の身体を支えていました。私も父親の腕を握ってヒクヒクと脈を打っていた頸動脈を二、三十分は凝視していたのですが、脈の間隔が開き始め、目視できなくなりました。ナースステーションで心電図の波形を見ていた主治医と看護師にその旨告げたところ、まだ時々ふれることがあるとのことでした。

数分後、主治医と看護師が病室に入ってきて、脈の停止、聴診器で心音や呼吸音の停止、ペンライトで瞳孔散大を確認して、八時五十分の臨終を告げて頭を深々と下げられたのです。

私たち家族は、「二年間、長い間お世話になりました。ありがとうございました」と御礼を述べ、主治医は「息子さんが戻ってくるまで、おじいちゃん、頑張ったんだね」と慰めの言葉をかけてくれました。

実のところ、午後に家族で話し合って父親の静脈栄養の点滴を止めてもらったのです。消化器官が機能しないので経鼻栄養をやめて点滴だけにしてもらってから二カ月以上経っていました。もう血管も潰れていて刺す場所がなく、入っていかない様子でもあり、痰も絡んで苦しそうでもあったので外してくださいと看護師さんにお願いしました。主治医が来てくれて、「輸液のあるなしで状態はもう変わらないから、この段階で外すことはありです」と言ってくれて外してもらったわけです。看取りの時間は八時間くらいだったでしょうか。

臨終を告げられた後、看護師と介護士による清拭が三十分近くかけて行われ、その間、寺院・葬儀社へ連絡を済ませ、遺体搬送の準備を始めました。この時間から濃密な葬送儀礼の諸行事がまる二日間続くことになります。

介護する家族の揺れる感情と覚悟

私の父親の看取りは一事例にすぎませんが、八十歳を超えて亡くなる人が過半を占める日本において典型的な高齢者の臨終であったかもしれません。これも主治医と話し合っておいたことですが、自然に眠るように逝けるよう、蘇生措置はしないでくださいと依頼しておきました。この点は快く了解してもらい、病院でも高齢期の患者に対して回復が望めない最期の段階では輸液量やカロリーも制御して（一日五百ミリリットルで八十九キロカロリー）、穏やかな死を迎えられるようにしているとのことでした。

眠るように死ねたらいいだろうなとは誰しも考えることでしょうが、意思表示や意思疎通が二年間できなかった父親が、その間、自分という意識を持っていたのかいなかったのか分かりません。傾眠傾向が強くなり、一日に数十分も目を開けていられない状態では、眠るように半ば死の世界に足を踏み入れていたのかもしれません。呼吸と心臓が止まるまで、延命治療のおかげで緩慢な死の状態にあったとも言えます。

ですがその期間、家族は覚悟を決めながらも、どういう状態であれ生きてもらっていることが希望という感情と、もういいのではないか、十分ではないか、かえって苦しませているのではないかという感情との間を揺れ動きながら、ふた回りの季節を過ごしてきたわけです。

長かったとも言えますし、終わってみれば短かったとも言えます。しかし、こうした感情的に宙づりになっているような状態が数年続くような場合、家族のストレスは相当なものがあるのではないでしょうか。

看取りに一つとして同じ看取りはないでしょう。死に逝く人の状態もそれぞれであるし、看取る側の家族もさまざまでしょう。

イタリアの「よき死」と宗教文化

ここでイタリアの例を松本大学大学院の福島智子准教授の論文を通して考えておきましょう（福島智子「現代イタリアにおける看取りの諸相―よき死あるいは看取りとは」『松本大学研究紀要』15号、二〇一七年）。看取りと宗教文化との深い関わりが分かります。

イタリアはローマ帝国以来の歴史を誇り、近代国家であるイタリア王国は一八六一年に成立しました。第一次世界大戦後、ムッソリーニによるファシズム体制の下で国力を増強し、日独伊防共協定を結んで連合国側と戦って敗れ、一九四六年に現在のイタリア共和国となりました。現在、ユーロ圏ではドイツ、フランスに次ぐ経済大国です。

近現代の歴史においてイタリアと日本には共通点があります。人口規模は日本の約半分ですが、家族・親族の絆が強いこと、国民の約80%がカトリック教徒であり、地場産業が盛んです。北欧やイギリス、フランス、ドイツほど個人主義的志向は強くありません。北部は工業地帯、南部は農村地帯と地域によって経済格差が大きいのも特徴です。

　イタリア人の平均寿命は約八十二歳。イギリスと似た税による公費負担の医療で、福島氏によれば緩和ケアやホスピスの導入は日本より遅れていたそうです。その理由が、家族主義とカトリックの宗教文化です。

　イタリア人にとって一番大切なものは家族と信仰があげられるように、介護も家族やカトリックの奉仕団体によって担われてきました。家族に看取られることがイタリアにおいては「よき死」の典型だそうです。実際には、核家族化が進み、介護者の負担も増し、介護される方も気兼ねがあるのですが、家族規範が強いためにお互いに我慢してしまうのです。

　終末期の癌患者の場合、介護者の八割は娘や妻、そして三分の一の介護者は離職しています。イタリア全体の在宅死率は約五割、南部は九割に達するとされます。そして、家族のために意思決定の代理を行いがちであり、告知は進んでいません。

　他方で、緩和ケアにおいても、神父や篤い信仰の高齢者の中には鎮静剤や麻薬によって意識のレベルを下げることを拒み、人生の一コマとして、キリストの痛みとして疼痛に耐え、覚醒したままで最期を迎えようとする人がいるということです。このような人は肉体的痛みよりもスピリチュアル・ペインのケアを聖職者に委ねて安静を望むようです。

また、イタリアでも都市部では独居高齢者が三割を超し、家族による介護やケアはあたりまえではなくなってきました。カトリックの信仰も毎日曜ミサに参加する人は人口の20％程度という話もあります。そうなると、他のヨーロッパ先進諸国同様に、施設による介護や公的医療に緩和ケアを積極的に組み入れる必要が出てくるでしょう。

とはいえ、イタリアの例からも、介護や看取りのあり方には家族のあり方や宗教文化が大いに介在する余地があることが分かります。医学や薬学のサイエンスだけで人生の最終段階における医療と看取りのあり方が決まるわけではないのです。医療と福祉の目的は、生活の質を維持しながら生命をできる限り持続させることにあります。当然のことながら、生活の諸相や価値観の問題について十分な目配りなしに、人生の最終段階を考えることはできないのです。

3 現代人の死になぜスピリチュアルケアか

「飼い慣らされた死」の時代

日本は死にゆく人の看取りに関して先進的でありました（神居文彰・田宮仁・長谷川匡俊・藤腹明子『臨終行儀—日本的ターミナル・ケアの原点』北辰堂、一九九三年）。中世の日本人は極楽往生を願いながら従容として死の床につくことを望み、僧侶が臨終行儀によって応えていたといえましょう。

西欧ではどうだったのでしょうか。フランスのアナール学派の泰斗フィリップ・アリエスによる大著『死を前にした人間』（成瀬駒男訳、みすず書房、一九九〇年）によれば、死に対する観念や対応に時代的変遷が見られます。アリエスは臨終の場面を描いた絵画や文書などから死の社会史を叙述しました。

ローマ時代、高貴な人々は史蹟に名を残し、葬儀も埋葬も念入りに行われました。死後の世界でもいい暮らしができるようにと。他方で、名もなき人々は飢餓や疾病、戦乱のなかであっけなく亡くなります。古代から中近世までは、洋の東西を問わず、幼児死亡率が高く、少年少女になっても大人まで生き延びられる子どもは半分に過ぎず、平均寿命は三十歳そこそこでした。

ちなみに、世界の平均寿命は、二十世紀に入った時点でもようやく三十歳を超した程度で、日本を含め近代化を成し遂げた国でも大半の国が五十歳に達していなかったのです。多産多死の時代が長く続き、死は日常生活においてありふれたものでした。

中世に入ると、遺体は教会の地下墓地に運び込まれ、聖職者がミサによって安息を祈願しました。レクイエムは死者のためのミサ曲ですが、日本ではコンサートでクラシックの名曲として耳にした人が多いでしょう。

人々は最後の審判による裁きに恐れおののきながらも、キリストによる復活への信仰を保ち、死後の魂を教会に委ねたのです。アリエスは、寝台に横たわって終油を受ける病者と集まった人々、葬儀の供宴や博打に興じる人々の画像に「飼い慣らされた死」の時代を見ました。

死は誰もがすぐにでも迎えるありふれたものであり、死後どうなるのかと個々人が思い煩うこともなかった時代でした。

死を日常から遠ざける時代の到来

ところが、中世から近世に入ると、死は日常的な出来事から、より抽象化・個人化してきます。西欧絵画にしばしば登場する髑髏《どくろ》は己の死を予期させ、庶民の間にも郊外の墓地に埋葬され墓碑を建てる習俗が一般化すると、悲嘆や追悼の追体験から死は恐怖や忌避の対象に変わるのです。共同体に埋め込まれた人生を生きてきた人々が自意識に目覚めた時代、すなわち、啓蒙主義の時代が到来します。こうして「野生化した死」の時代が到来しました。

近代は医療によって死と病を病院に隔離し、日常生活から遠ざけようとしました。人々の寿命は栄養や衛生状態の改善によって一世紀の間に二十〜三十年延びました。死は医学と社会保障によって可能な限り先延ばしにされ、日常生活から死の影は取り除かれたのです。

その結果、私たちは死を忌避すると同時に怖れ、生と死を連続するものと考えた宗教による物語を欠いたまま、自身の死を医療に完全に委ねることで、死すべきものとしての主体性を失っているのではないかというのです。アリエスは「倒立した死」の時代の幕開けを記述して、一九八四年に日曜歴史家としての生涯を閉じます。

日本人は死をどう捉えてきたのか

日本でも「飼い慣らされた死」の時代が中近世まで長らく続いたのでしょう。

『葉隠』には「武士道と云ふは死ぬ事と見付けたり」という自己意識が見られ、浄瑠璃や歌舞伎で演じられる『菅原伝授手習鑑』には主君のために自身や子どもまでも手にかける義理人情が描かれ、死の物語性が増しました。

そして、日本の場合、「野生化した死」の時代を経ずに、乃木大将の殉死や日本軍の特攻隊精神、靖国・護国神社への合祀に象徴される国家による死の物語化が最高度に進められました。

終戦後、国家に囲い込まれた物語の虚構性に気づいた日本人の心中に、突如として死者の無念さ、死の悲惨さが噴出し、「いのち」はかけがえのないものという身体感覚が生まれました。いのちの大切さに気づくことが宗教・道徳の基底となり、いのちを守る平和と医療・社会保障が国家の基本理念となったのです。

おそらく、日本の右傾化がどのような形で進もうとも、政治家は命を賭して守るべき理念を提示したり、再び「飼い慣らした死」をあてがったりすることはできないでしょう。「美しい日本」や「忠君愛国」の物語が一部の保守政治家によってどのように語られようとも、現代人の死の感覚が戦前に逆戻りすることはないのです。この点を政治家や批判的なメディアも看過しているように思われます。

ともあれ、この価値観の大転換は、医療技術の進歩や社会福祉の制度化とも相まって、日本では死の囲い込みと排除が西欧よりも徹底し、臨終期までも治療や闘病生活が進められてきました。

しかし、このように死を生と対立するものとして捉える医療のあり方に疑問を投げかける動きが、患者・家族、医療者の間におこってきました。

死の当事者性を確認する試みとして、告知による理解と合意（インフォームド・コンセント）を経て治療方法や余命のあり方を病者自身が選択し、延命措置より緩和ケアによって最期のときを悔いなく送る時代に変わってきたのです。尊厳死や平穏死といった死のあり方もそうした考え方の地平にあります。

スピリチュアルケアの主体は誰か

現在、ターミナルケアにおいて死の看取りが広く知られるようになっていますが、「倒立した死」をいかに当事者に戻していくのかという観点が重要だろうと思われます。

終末期において余命を告知された病者が、自身の命に限りがあること、親しい人との関係が断ち切られること、そして自分のことが自分でできなくなっていくことに絶望しているとします。

まさに近代的自己が根底から突き崩され、「野生化した死」に翻弄されています。身体的苦痛を上回る精神的苦悩によって、免疫力も低下しているかもしれません。このような人にこそ、スピリチュアルケアが必要とされるのではないか。つまり、その人は自己の喪失というスピリチュアル・ペインに懊悩しているからです。

近年、緩和ケア医療においてスピリチュアル・ペインを癒やす方法がさまざまに論じられ、実践の場にチャプレンやビハーラ僧と呼ばれる宗教者が積極的に関わり始めています。そこで、医療者や介護者、そして宗教者に先駆者が忠告していることが二つあります。

第一に、スピリチュアル・ペインは取り除かれるべきものでも解消されるものでもないということです。死が囲い込まれる時代は終わりました。自己意識を鋭敏に研ぎ澄ましている現代人だからこそ、自己の完結性・自立性がスピリチュアルなかけがえのないものとなるのであって、容易に宗教的・政治的物語で包摂できる時代ではないのです。

「スピリチュアル・ペインは本人が背負うもの…、生きるというのは自分のスピリチュアル・ペインに向き合うこと…他人が肩代わりしようなどと考えてはいけません」と洞爺温泉病院ホスピス長の岡本拓也氏は述べます（『誰も教えてくれなかったスピリチュアルケア』医学書院、二〇一四年）。

第二に、スピリチュアル・ペインは症状ではなく、魂の成長の時間と考えるべきだということです。人は終末期において大いなる気づきをなしますが、それは生まれてから死ぬまでの長期にわたる成長の時間軸のひとこまです。無力感を抱くのは患者だけでなく、いじめを受けて自死を選択肢に入れつつ悩む中高生や、ストレス度の高い仕事に長時間従事する人、失業した働き盛りの壮年世代などにもありうることです。

症状としてはうつ状態かもしれませんが、その解決には抗うつ薬以上に、当事者の自己認識や他者との関係認識の改善がより重要になります。当事者が認識を変えるまで根気よく伴走するのは、教育者や宗教者の役割かもしれません。

東北大学で臨床宗教師の養成に力を注ぐ谷山洋三氏は、「自身の超感覚的な体験を意味づけるはたらきによって、自身の支えとなるものを（再）確認・（再）発見し、さらに生きる力を獲得・確認する援助もしくはセルフケア」と定義します（『医療者と宗教者のためのスピリチュアルケア』中外医学社、二〇一六年）。本人の気づきを支援するのです。

ここまでがスピリチュアル・ペイン、スピリチュアルケアに関する一般論です。

人が主体的に生きるためのケアを

スピリチュアル・ペインや、スピリチュアルケアは、理論的に概念化するよりもケアという実践の中で個別に認識し、対応していくものです。これは谷山氏も、病院での臨床や自坊での合宿研修などでケアを実践している飛騨千光寺の大下大圓住職も指摘していることです（『癒し癒されるスピリチュアルケア』医学書院、二〇〇五年）。

私は癌患者の緩和ケア精神療法を担当する市立甲府病院の小林薫医師から、死に対する構えは子どもの方が潔く、中高年の方が種々思い煩うことが多いと聞いたことがあります。十分生きたからいいです、というような人はほとんどいないとも。自己について悩むのは青年や高齢者に多く、中年世代は子どもや配偶者を残すことが気がかりです。

信仰を持っている人は信仰的自己物語への共感が力になるでしょうが、自己物語を確立していない人に対しては、ともかくも傾聴を繰り返すことでライフストーリーを語ってもらうことから始まるかもしれません。

当事者の生育歴や職歴、家族構成や社会生活、人生観によって、当人のスピリチュアリティは多様な現れ方をします。そこを感じ取り、寄り添うためには、伴走者の感性と十分な現場経験が必要になるでしょう。

大下住職は、スピリチュアルケアは誰でもできるものだが、医療従事者・心理職・福祉職との間で適切な役割分担や評価を行うために、専門性とコーディネートの力量・経験が必要といいます。

死の臨床に限らず、人間が自分の生を主体的に生きるためにスピリチュアルケアを提供する宗教者が増えてくることで、「倒立した死」を転換できるのではないでしょうか。

４　寺院の存亡を左右する高齢多死社会対応

人生百年の時代を迎え…

高齢化社会とは、全人口に占める六十五歳以上の高齢者の割合が７％から14％に増加する社会を指し、14～21％の間では高齢社会、21％超を超高齢社会と呼ぶことになっています。

日本は一九七〇年に高齢化社会、一九九五年で高齢社会、二〇〇七年で超高齢社会となりました。二〇一九年の高齢化率は約28％、二〇二五年には30％を超し、二〇六五年には約39％でピークに達して、その後、徐々に高齢者人口が減少すると推計されています。

大人の二人に一人は高齢者、そして団塊の世代が平均寿命の年齢に達する二〇四〇年前後まで死亡者は年々増加し、年間百七十万人に達します（二〇一八年は約百三十七万人）。今後三十年で平均寿命は男性約八十四歳、女性は約九十歳まで延び、四人に三人はほぼ寿命を全うすることが予測されます。

百五歳まで現役医師を続けられた日野原重明先生が二〇一七年七月十八日に亡くなられました。人生百年の時代とも言われるのですが、日常生活に制限なく活動可能な健康寿命は、現在男性が約七十二歳、女性が七十五歳とされ、みながみな健康を享受できるわけではありません。日野原先生が提唱された生活習慣病を避けるべく体調管理に留意し、「七十五歳をすぎてから第三の人生が始まる。今までしたことのないことをやってみよう」と新老人の会発足式で語られたような希望なしに、人生九十年、百年の幸せはないのです。

先生は三月末から体調を崩しておられましたが、経管栄養や胃瘻《いろう》などの延命治療は拒否され、ご自身のアクティブな人生を全うされました。私は先生が東京―千歳線の飛行機にお一人で乗っておられる姿を十年くらい前にお見かけしたことがありますが、実にかくしゃくとしておられました。

多死社会で予想される深刻な問題

さて、多死社会として今後予想される医療・介護・葬祭に関わる変化は次の通りです。

①深刻な医師不足・病院不足が大都市圏と過疎地域で進行します。

都市ほど高齢者数が急増し、人口減少地域では病院経営が難しくなるからです。今後、医師自身も高齢化します。医師は安定した高収入と高い社会的地位ゆえ、医学部は高偏差値の学生を集めるのですが、病院勤務医の稼働時間が今でも週平均で七十時間から過労死寸前と言われる状態にあることはほとんど知られていません。「ドクターG」のようなテレビ番組で志の高い青年医師を見かけると頼もしいかぎりですが、体力的にキツい産科・外科・小児科医は減り、地方自治体は病床数を維持するために医師確保に苦悩しています。

高齢期の治療、終末期医療、看取りの場所を根本的に考え直す必要に迫られています。高齢期医療では自宅での緩和ケア医療が進められていますが、厚労省の医療政策はともあれ、高齢者自身の覚悟はどうでしょうか。

②深刻な介護施設・介護職員不足が大都市圏で進行します。

施設はあっても職員が集まらず、空きベッドを抱える施設が増える一方です。介護職員の手当増、外国人介護職員の導入が進められていますが、限界があります。介護職員の離職、家族の介護離職を防ぐ手立てが求められます。介護施設で自身の親の面倒を見ながら働く、もしくは介護施設でシングルペアレント受け入れを進めている自治体がありますが、一考の余地ありです。

③深刻な火葬場・葬祭施設・法務執行僧侶の不足が大都市圏で進行します。

葬儀場や火葬場での待機日数は増加し、適切な墓所を求め、葬祭を依頼できる僧侶を探すことはますます難しくなります。人口減少地域の僧侶が大都市圏で活躍できる可能性があります。ただし、葬祭業（僧侶派遣事業者含めて）や都市寺院が地方の僧侶を非正規労働者や出稼ぎ者扱いするようでは、介護職員の離職同様、僧侶の定着は難しいでしょう。あるいは、地方自治体や地方寺院が大都市の高齢者に集合墓や樹木葬墓地などを提供する可能性もあります。ふるさと納税者に故郷でふるさと葬を提案する自治体（石川県小松市の小松加賀環境衛生事務組合）もあるようです。

今の中年世代が迎える老後の窮状

高齢多死社会の議論は、医療・介護・葬儀という多死の面に注目が集まりがちですが、実は高齢期の人生の送り方、暮らし方にも大きく関連します。

六十五歳以上の高齢者のうち、子どもと同居している割合は約四割で年々減少しています。現在約六百万人の高齢者が一人暮らしをしています。

離れていても親子や親戚との連絡・交流があり、高齢者サロンや町内会、趣味の活動などで仲間がいる人はよいのですが、「高齢者の生活と意識に関する国際比較調査」（内閣府二〇一五年）によると、日本人は四人に一人が助け合える友人がいないと答えています。病気となると約5％の人しか頼れる友人がいないのです。さらに、老後の蓄えがない人も約半数です。ヨーロッパと比べて老後の準備ができていません。

友人や地域に頼れる人が少ない理由は、日本人の職場中心の生活と急激に都市化したライフスタイル、民間や行政サービスへの依存があるかもしれません。また、晩婚化の影響で大学まで含めた子どもの教育費負担と住宅ローンの返済が五十代後半になっても重く、ちょうどその頃から親世代の介護も始まるために、自身の老後を考える暇がほとんどないというのもサンドイッチ世代の特徴です。

　団塊の世代とその上の世代は結婚時期も早く、高度経済成長期のインフレでローンが圧縮され、子どもの学費も今ほどかかっていませんので、それなりに老後の準備もでき、海外旅行を楽しむ富裕高齢層も珍しくありませんでした。

　しかし、現代の中年世代はデフレを二十年も経験しているので住宅・教育のローン負担は重く、大学に通う子どもも半数が奨学金という名の教育ローンを抱えて就職していく状況です。私を含めて今の五十代、六十代前半の勤労世代が高齢者の仲間入りするときに、どれだけの人が年金と自己資金だけで暮らしていけるのでしょうか。

　この世代が現在の七十代、八十代のように看取りや終活に関心を持ち、あるいは檀家として檀那寺を護持する余裕と意欲を持てるか。高齢多死社会の到来によって死者の数と葬祭の需要は大いに増すのですが、肝心の葬儀の担い手にどれほどの余力が残っているのか。この点を考慮に入れて寺院の将来を見通さなければならないでしょう。

中国仏教寺院の安養院をヒントに

高齢多死社会で逼迫する介護・看取り・葬祭にかかるヒントを、中国の仏教寺院が併設する安養院の事例から最後に考えます。

中国の高齢化率は二〇一八年現在、11%を超えたところですが、高齢化のスピードが速いのです。一九七九年から二〇一五年まで続けられた一人っ子政策のために、祖父母四人に親が二人、孫一人の俗に言う四二一家族が増えました。加えて農村人口が都市に流出し、都市では共稼ぎ夫婦が住宅費・教育費の支払いで精一杯です。年金のない高齢者が暮らせるような包括的な社会保障は整備されていません。二〇四〇年には五億人を超えるとされる高齢者の生活、医療、看取りの問題は中国社会の大きな課題です。

ここで私の大学で修士号を取得した栄畳飄《ロンディエンピィヤオ》氏による調査研究を紹介します（栄畳飄「江蘇省の仏教安養院」櫻井義秀編『現代中国の宗教変動とアジアのキリスト教』北海道大学出版会、二〇一七年）。

中国東部にある江蘇省には二十六カ所の仏教安養院があり、鎮江大聖寺安養院は中国で最も長い十六年の歴史があります。二〇〇〇年に釈昌法法師が創設し、二〇〇二年に江蘇省宗教局から安養院設置の同意を得て、二〇一一年に民政局から許可を得て登記しました。釈法師は事故で母親を亡くし、「親孝行をしたいが、親がいなかった」という無念さを昇華するべく、身寄りのない高齢者の扶養を思い立ったということです。

現在、入居者は約百七十人で、そのうちまったく身寄りのない人は十一名。平均年齢が八十二歳ほどです。入居金は約一万元から二万元（大卒者初任給の約半年分）、月額使用料三百元（地方都市の年金月額程度）で、寺院の布施収入を補填して安養院は経営されています。

もう一つの事例、弥陀村は、中国江蘇省の東南部、無錫市に位置し、二〇〇二年に王洪妹居士によって創設された道場です。この安養院は、宗教局の同意を得たものの、民政局の許可を得ておらず、宗教政策次第では閉鎖されるリスクを抱えています。王氏は仏教信者の看取りの場として安養院を設けました。この施設は入居者から一切お金を徴収せず、信者からの寄付金だけで運営され、約七十人の入居者がいます。ここでは大聖寺以上に信者の生活が全うされ、朝から晩まで居士生活三昧なので、信者でない人はおりません。

安養院入居理由の第一は臨終行儀

大聖寺には高齢の医者、弥陀村には漢方医が常駐し、ボランティアの医大生も手伝います。どちらの安養院でも、医師に余命一週間と診断されると、往生堂に入ります。そして、安養院の責任者が居士を集め、一人二時間の誦経、八時間の休憩のインターバルを繰り返し、臨終の時まで休みなく誦経が続けられます。常時、二、三名の居士が死にゆく仲間の脇に座り、死への恐れを取り除くべく見守り続けます。

栄氏のインタビューによると、大聖寺でも弥陀村でも入居理由の第一にあげられたのが、この臨終行儀だったそうです。最終章で述べる平安時代の臨終行儀に近いものがあります。仏教を信仰する信者集団において、老いた仲間を送るべく臨終行儀をしっかり行うのです。

しかも、この安養院では高齢期・終末期のケアは信者同士が順送りで互酬的に行われます。歩行や食事・排泄などに行動の制約が生じている入居者には、元気な入居者が介助し、功徳を積めるのです。ここには単にケアワーカーの不足解消や資金の節約以上の意味があるでしょう。

中国においてこのような安養院は一般的ではなく、多くの施設においてケアは社会保障や民間のサービスとして提供されるものです。とはいえ、中国のみならず日本においても、ケアとは何か、臨終行儀とは何かを考える上で、ケアと臨終行儀をなす仏教コミュニティの事例はきわめて示唆的ではないでしょうか。

第5章

問われる葬儀レス社会の未来

1

自ら父の葬儀の喪主となり実感したこと

葬式の必要性アンケート

『朝日新聞』の読者モニター調査で「自分の葬式は必要ですか？」と質問したところ、回答者千七百五十三人中、「要る」は44％、「要らない」は56％でした（権敬淑「自分の葬式は必要ですか？」『朝日新聞デジタル』二〇一七年九月二日）。

『朝日新聞』の購読者は、他紙と比べて中高年、都市生活者、中間層が厚いという特徴があります。この世代の半数は自分の親世代の葬式は行っても、自分の葬式を子に頼まないか頼めないというわけです。

葬式は「要る」と回答した人があげた理由（複数回答）は、上位から「家族に気持ちの区切りをつけてほしい」が五百二十三人、「生前の付き合いがある」が二百五十一人、「最後くらい見送ってほしい」二百三十一人と、葬儀の機能を意識しています。それでも、葬儀費用の節約を望む声は多く、葬儀の総額が五十万円までを望むもの43％、百万円までが36％と八割方をしめるのです。簡素な一般葬でも、葬儀社のパック代金、仕出しや香典返し、お布施だけで百万円では収まらないでしょう。

　葬式は「要らない」と答えた人があげた理由（複数回答）は、「ひっそりと終わりたい」が五百十一人、「形式張ったことはしたくない」四百八十九人、「お金がかかる」四百三十四人です。

　個別の理由を見ると、独身や独居生活者であること、親戚付き合いで苦労させられた経験をあげた人がいました。葬式をしない代わりに家族や友人に望むこととしては、「特に望みはない」が四百四十四人、「時々思い出して」二百九十八人、「散骨して」二百三十人、でした。

　それにしても、「焼いて墓に入れてもらうだけで十分。つまらぬことに金をかけたくない」（東京都、七十一歳男性）、「故郷では自宅葬がほとんど。家族は悲しみよりも疲れ果てる」（埼玉県、五十七歳女性）とまで言われる現代の葬儀はどうなっていくのでしょうか。

　従来、非檀家で自覚的な信仰を持たない一般市民の側から葬儀に感じるとまどいに関して、葬儀離れという文脈で論じられることがほとんどでした。はたしてそうなのか。

　私は日本やアジア諸国の葬送儀礼を研究してきましたが、自分が喪主となって実践する葬儀については素人です。

　ここでは葬儀の喪主をやった経験から、ごく普通の生活者にとっての葬儀の意味をシンプルに考えてみます。

濃密な葬儀の時間と空間を経験し

人は生きてきたように死んでいくものだといわれます。看取りの時間を豊かに持てた家族は、可能な範囲で相応の葬儀をもって故人を送るのではないでしょうか。葬儀なしでは送れません。

私の父親は誤嚥性肺炎の治療から突然二年間、意思表示も意思疎通もできない寝たきり生活に移行したため、治療方針も葬儀のことも希望を聞く機会がありませんでした。最初の数カ月で覚悟を決め、葬儀社と菩提寺を探しました。父は分家の三男です。

結局、実家から歩いて十分以内にある通夜会館を備えた個人営業の葬儀社と日蓮宗妙正寺に葬儀の依頼を済ませました。日蓮宗は本家の宗旨です。

前の章で看取りのことを書きましたが、私は父が亡くなる日の朝、札幌を発ち、仙台経由（山形便は一日一便昼しかないので）で空港からレンタカーを借りて、昼前に上山の病院に駆けつけました。数日内という話は聞いていましたが、午後は持ち直して親戚なども安心して帰ったのです。それもあって、当日の夕方一時間ほど病院から出て、一年半ぶりに葬儀社と妙正寺に挨拶に伺いました。葬儀社にはちょうどその日に別の通夜・葬儀が入っており、その間何かあれば別の葬儀社を紹介するという話にしてもらい、妙正寺の住職にも出張等の予定がないことを確認しました。看取り後の段取りは最低限整えたつもりでした。病院に戻ってきてすぐに父親の容態が悪くなり、呼吸が徐々に浅くなり、最期を迎えたのです。

夜八時五十分に父親が亡くなり、さっそく葬儀社に電話し、別の葬儀社で搬送と通夜の場所を確保してもらいました。二年間非常に世話になった病院・施設ですが、死亡後はなるべく早く搬送することを促され、一時間以内に退出したのです。自宅で看取ればこういう慌ただしい思いはせずに済んだかもしれません。ゆっくり一晩かけて別れができるわけです。

搬送先の会館では葬儀社の人が祭壇を整えておいてくれ、父をふとんに寝かしてから、その脇で葬儀の相談を夜の十二時近くまで行いました。

まずは火葬場を予約して、通夜と本葬のおおよその時間を決め、葬儀社の「寺院・自宅葬プラン」を基本にオプションをセットしました。

翌朝、住職と電話でスケジュールの調整をすることにして、ひとまず会館を後にして自宅に戻ったのが午前一時を回っておりました。それから夕食ならぬ夜食を食べながら翌日の段取りをして三時間くらい寝ました。

二日目の朝七時過ぎに寺院に電話をして、枕経、通夜、火葬、本葬の時間を決めました。朝から親戚に連絡を回し、子や孫から車で送ってもらえる親戚には集まってもらい、午前十一時から葬儀会館での枕経に参加してもらいました。

この後、葬儀社と供花や香典のお返しの打ち合わせがあり、翌日の葬儀において司会、二通の弔辞朗読（山形県上山市では市長の弔辞と日本赤十字社山形支部長である県知事の弔辞をそれぞれ隣組長と町内会長が読むことが慣例です）を担当してくれる隣組長と町内会長への御依頼に車で回り、妹夫婦に通夜ぶるまいの食事の準備を依頼。午後には家族と自宅に戻って葬儀社と自宅祭壇の設置をしました。母親は斎場で、駆けつけてくれた親族への対応です。上山市付近では、通夜は親族だけ集まることになっています。

午後四時に通夜が始まり、住職による勧請・読経・唱題・回向の後、湯灌・納棺を行いました。父の顔は驚くほど冷たく、手足はドライアイスで冷やされたため氷のようでした。母、子、孫で死に装束を着せ、手甲脚絆をつけ、六文銭（十円玉）を入れたずだ袋をかけて、遺品を棺に納めました。その間、住職の南無妙法蓮華経の読経が続いており、なによりの荘厳でした。通夜法要の後、住職から私に依頼を受けた経緯や私との縁について親族に説明がなされ、法号「穏円院法道日義居士」の意味と父の生前を偲ぶエピソードなどが語られました。

通夜ぶるまいは午後五時過ぎから始まり、仕事帰りに駆けつけてくれた親族への応対など終わったのが十時頃。この間、本葬の後のお斎《とき》会場の予約や人数の確認、昼に会えなかった町内会の人たちへの再訪などもあり、母親が睡眠導入剤を飲んで眠りに就き、義理の弟と飲み始めたのが十一時頃で、午前二時半近くまで話し込み、私が先に仮眠を取り、朝五時半に交代しました。弟は一睡もせず、早朝、自宅から家族を連れて戻ってきました。

三日目は朝七時前に葬儀の式次第を司会の方の自宅に届け、出棺の準備。八時に出棺・釘打ちを行い、霊柩車にて自宅の周辺を回ると、隣組の人たちが家の外で最後のお別れに待っていてくれました。それから火葬場へ行き、九時から住職の読経、火葬となりました。

一時間少しで焼き上がり、斎場の係官の指示に従い、骨拾いです。頭蓋骨と大腿骨以外は骨片となっており、大腿骨も断面はヘチマの切り口のようにスカスカでした。骨まで栄養分として肺と心臓を動かし続けたのでしょう。

骨壺に簡単に納まった父を車に乗せ、妙正寺に急ぎました。

山門の前で隊列を組んで庫裡から本堂に入りました。ほどなく受付を開始し、親族・隣組の主だった人が本堂に入っていきました。実家は分家のさらに分家なのですが、元来の本家からも会葬されています。

十一時半から葬儀で、住職の入堂後、開式の辞、総礼、道場偈、勧請、読経に続き、引導、弔詞・弔電読み上げ、焼香、喪主の挨拶、法話、三五日繰り上げ法要の後、閉式となりました。約一時間の勤行を中心にした葬送そのものでした。住職の法話は、子の身体はどこをとっても親から受け継いでいないところはないという生物的なつながりと、親の生前の生き方が子や孫に反映されているという精神的なつながりの話で、私の心に響き、涙を堪えました。

この葬儀において、主体は場としての寺、祭儀執行者としての僧侶、参加する参列者で、故人・遺族は客体です。祭壇に飾られた遺影や花は内陣の一部でしかなく、会館葬とは異なり、故人や遺族の悲しみだけが喚起される情景ではありませんでした。むしろ、開け放った本堂の外から蝉の声が響き、住職の朗々たる読経の音声が葬儀の基調でした。

午後一時から二十名を超す親族でお斎があり、三時に自宅に戻り、さらに弔問客を迎え、夕方ようやく二日間の葬送儀礼は終わりました。あっという間でした。

遺族は一連の葬送儀礼を葬儀社の担当者と相談しながらその都度判断し、過密スケジュールをこなします。私が自分の感情を動かしたのは、葬儀の際の住職の法話に胸を打たれた数分です。それ以外は、ひたすら段取りと時間単位のスケジュール管理です。

このハイテンションで常に何かをやらないとという気分は四日目も続き、家族の助けも借りながら午前中は役所に行って住民票の抹消、年金受給停止、介護保険資格喪失などの届けを出し、午後には県の年金事務所に出かけて国民年金と厚生年金の遺族年金請求の手続きを行いました。待ち時間は椅子の上で眠りました。

五日目は土日を挟んで役所が開いていないので、仏壇屋を見てまわり最低限必要な仏具を備えた頃にようやく疲労を感じ始め、これ以上の銀行や保険、各種名義変更の手続きなどはあとでやればいいという心境になり、妹夫婦に依頼して札幌に戻ってきたのです。その後、忌引き明けの一週間にどっと疲れました。

葬儀は誰のために行われるものか

およそ、悲嘆にくれる暇もない葬儀とは何なのかということですが、今ふり返ってみて、メンタルヘルス上、また社会関係の維持という意味でも、実によく考えられた仕組みではないかと感心している次第です。枕経、通夜、火葬、葬儀と別れを段階的に進め、悲嘆の感情を宗教儀礼に集中させることで融和します。その都度訪れる親族や知人・友人と感情交流し、孤立・孤独化している遺族を包むつながりを再強化します。葬儀の後に続く年忌法要も同じ機能があるでしょう。父親が釈迦仏の「霊山浄土」に往ったかどうかが分からなければ安心できないわけでもありません。

葬儀はどのような形態であれ、人の心に安心と人の生活の場に安寧を与えられるものであれば、やることの意義は実感してもらえるのではないでしょうか。

葬儀をやらずに、遺族は故人と結んできた感情の整理や、故人が生前に世の人々と結んできた関係を遺族につないでいけないでしょう。臨終行儀は当人の魂のためですが、葬儀は明らかに遺族とコミュニティのために執行されるのです。

2 臨終行儀はなぜ人の心を惹きつけるのか

臨終のときにあらわれる往生の証

一般的に、死体には死後数時間で死斑（血液の循環が止まることで生じる鬱血が主因）が現れ、筋肉が硬直します。硬直の度合いは温度や経過時間、筋肉量、年齢によって異なりますが、遺体は硬くなるものです。夏では二、三日後に解硬・腐敗します。この自然の摂理は、往生しているかどうかに関連ありません。

もちろん、亡くなり方によって身体の状態は変わるでしょうし、心臓マッサージと人工呼吸を最期まで続ければ壮絶な苦闘の跡が残るでしょう。どの時点で、亡くなった方の顔を見て身体を触ったかで随分と違うのではないでしょうか。しかしながら、死後硬直の有無にこだわる宗教があるのです。

台湾や香港・タイで教勢を拡大している一貫道《イーグァンダオ》は、臨終行儀の一環として死後硬直の確認をしているとされます。林育生氏の博士論文（京都大学）を副査として審査したときにこの話を聞いて、日本でまったく同じことをする教団があることに思い当たりました。教団として明確に表に出しているわけではありませんが、現役信者や脱会した信者が信仰のあり方として臨終行儀への特異なこだわり方をしているというのです。一つは日蓮正宗の講組織から発展した仏教系新宗教と、もう一つは念仏の浄土門系統の単立宗教法人です。

ウェブ上には現役信者や脱会した信者が見聞した「遺体は、死後硬直が起こらず柔らかいままで、鵞毛《がもう》のように軽くなる。色は生前よりもきれいになり、腐敗臭も出ない」「善知識を立て、奥義を修得すれば成仏できる」といった話があり、死後硬直しないかどうかが、往生した際に質問されるというのです。教主が善知識です。

信心の証は現世利益として得られるかもしれませんが、高齢で亡くなる人には極楽往生かもしれません。しかし、往生したかどうか、本人以外に、誰が分かるのでしょうか。だからこその徴《しるし》です。

平安時代、名僧高僧が亡くなれば、紫雲がたなびき、異香が室内に満ち、奇瑞が現れると考えられていたとされます。阿弥陀仏が来迎するのであれば、そのくらいのことは起きるかもしれないと信じられたのです。

貴族が臨終時に出家したり、善知識に導いてもらおうとしたりして、死後に追善供養をするようになったのはこの時期からとされます。

庶民が葬儀を行い、墓を作るようになったのは鎌倉時代であり、いわゆる鎌倉仏教の下層の僧侶

（顕密仏教の僧侶に対して）が、葬送と墓地の管理にあたるようになったのです。（池上良正「日本における死者供養の展開・略年表（七〜十六世紀）」駒澤大学総合教育研究部紀要、二〇一六年三月）。

浄土思想における臨終行儀の方法

平安時代から鎌倉時代にかけて、源信の『往生要集』や、湛秀の『臨終行儀注記』、覚鑁『孝養集』などで往生伝や臨終行儀が説かれました。

源信は九八四年から九八五年にかけての半年で『往生要集』をまとめたとされ、巻上①厭離穢土、②欣求浄土、③極楽の証拠、④正修念仏、巻中、⑤助念の方法、⑥別時念仏、巻下、⑦念仏の利益、⑧念仏の証拠、⑨往生の諸行、⑩問答料簡から構成されます。⑥の第二臨終の行儀は、行事と観念という二つの項に書かれています。

初めに、行事としては『四分律抄―瞻病送終篇』をひきながら、①西北に無常院という別所を作って病者を安置、②金箔の仏像を西方に置き、像の右手は挙げ、左手には五綵の幡を床まで垂らし、病者の左手に握らせ、③香を焚き、花を散らして荘厳し、糞尿・吐瀉物などをきれいにする、とあります。看取りの場を整え、病者の心を安んずるということです。

次に、観念として十の念が説かれ、長文なのでまとめると次のようになります。

①大乗の実智を起こして生死の由来を知る、②娑婆世界・苦界から離れる、③浄土を求める（十回

弥陀仏を念ずれば、決定して往生する）、④往生のための業をなす、⑤菩提心を起こし、仏を念ずる、⑥弥陀如来を念じて念仏修行をもりたたせる、⑦弥陀仏の姿の一点を念じて集中する、⑧大悲の光明は決定して必ず来ると知る、⑨仏は大光明を放ち来迎すると願う、⑩臨終の一念は百年の修行に勝るのであるから「仏、決定して私を引摂したまえ」と念ずるべしと。

要するに、往生するという一点において臨終行儀こそ大事なのだということですが、源信の力点は生涯を通じた正修念仏にあることは『往生要集』の構成からしても明らかであり、臨終行儀で全てが決まるとは言っていないことに注意が必要です。

『往生要集』は多くの僧侶に影響を与え、浄土宗のみならず、真言宗や日蓮宗にも臨終行儀を伝えました（神居文彰・田宮仁・長谷川匡俊・藤腹明子著『臨終行儀―日本的ターミナル・ケアの原点』北辰堂、一九九三年）。善知識を招いて浄土の話を聞かせる、唇を水で濡らす、枕経、引導など心静かに逝けるようにする種々の臨終行儀が生まれました。

真宗でも臨終行儀が行われたわけ

法然は、平生の念仏行を行えば善知識や臨終行儀を行わずとも浄土に行けると説いたものの、自身の臨終に際しては円仁の九条の袈裟をかけて亡くなったと伝えられています。

親鸞も、自力である臨終行儀によるのではなく、弥陀の本願を固く信じて平生の念仏を唱えれば、臨終の善悪を問わなかったといわれます。末娘の覚信尼と門弟に見守られて九十歳で亡くなりました。ところが、親鸞の玄孫にして蓮如の父存覚は、臨終行儀書を書写するなど気にかけましたし、蓮如の臨終にも紫雲の奇瑞が語られています。浄土真宗教団でも平安浄土思想の影響下にあり、完全な他力浄土門ではなかったのではないかという研究者もおります（小山聡子『浄土真宗とは何か―親鸞の教えとその系譜』中央公論新社、二〇一七年）。

いわゆる浄土思想が貴族階層から庶民層に拡大するまでには二、三百年の時間差がありました。法然や親鸞の時代になっても高僧や貴族の臨終行儀はそのまま残り、庶民層に浄土宗や浄土真宗的な臨終行儀に過度にこだわらない教えが定着するまでさらに数百年がかかり、それでは納得せずに呪術的な臨終行儀を求める人々の群れも残ったのではないでしょうか。

なぜ、科学的な知見と関係のない臨終の身体のあり方にこだわる人たちが少なくないのか、宗教史を遡って考える必要があります。

現在の浄土真宗では、死後、すぐさま極楽に往生し、懐かしい人たちに再会することができると説き、死後の戒名ではなく、生前に法名を授けるところからしても、他宗派とは臨終行儀に対して一線を画しているものとみられます。

とはいえ、日本の宗派仏教や庶民は臨終行儀にやはりこだわりました。往生の確実な証を求め、死にゆく人の信念や看護する人の態度、臨終の環境以上に、死後の遺体や葬り方、追悼の諸行事に心を砕きました。この点は仏教思想とは別に日本の祖先崇拝や死者供養という民俗から考察すべきことですが、機会を改めて説明を加えましょう。

現在、仏教界では臨終行儀を伝統的なターミナルケアのあり方として再評価しておりますが、往生の証を求めすぎる日本人の心性にも注意をしておく必要があろうかと考えます。

次の節では、ターミナルケアやスピリチュアルケアにもふれながら、現代で可能な臨終行儀とは何かについて現代社会論的な考察を加えようと考えています。

3

肉親との死別に服喪儀礼が営まれる深意

父の一周忌を迎える中で…

父親が亡くなり一年経った頃です。一周忌の準備を進めるさなか、今度は母親が肺癌と診断され、内視鏡手術後、妹宅で一カ月の療養後、自宅で一人暮らしに戻りました。そのため、親戚を招いた一周忌ができず、翌年に三回忌の法事を行いました。

私は高校を卒業してから山形県の親元を離れて生活しているので、親との同居は十八年、札幌での別居は四十年になります。親が元気なうちは年に一度、病気がちになってから二、三度。父親が寝たきりになってからは二カ月に一度は様子見に帰省していました。最期の時は毎月帰っていたのですが、正直、山形の長男坊が果たす老親との同居という役割を果たせなかった負い目があります。

葬儀から四十九日まではあっという間であり、母親が文字通りの一人暮らしになったことで頻繁に電話をする習慣ができました。その矢先に母親も病気となり、治療方針を家族で話し合ったり、病後見舞いに行ったりと忙しくしていることで、父親への意識が遠のいていきました。

ところが、カナダのトロントで世界社会学会大会があり、出張に持参したスーツケースに小此木啓吾氏の『対象喪失』（一九七九年）という中公新書を見つけました。このスーツケースは二〇一六年七月にスイスで開催された国際宗教社会学会に持って行って以来のものなので、父親が死ぬ前にこの本を読み直そうと思って、そのままにしておいたものと思われます。

時差ボケで眠れない夜にこの本を読みながら、再び意識を父親に向けました。

フロイトの夢判断を生んだ父の死

精神医学者である小此木啓吾氏は、同書でジークムント・フロイトの最初の著作『夢判断』を紹介します。精神分析学を開いたフロイトの仕事は、父親の死に対する彼自身の喪の仕事でした。父ヤーコブは八十二歳で亡くなります。当時四十歳のフロイトは父親が徐々に衰え天寿を全うしていく様を医者として冷静に見つめ、独身の妹が長期の看病をすることを望んでいないとも友人のフリースに書いていました。

ところが、父親が亡くなって半年間は失意の日を過ごし、父親への回想や自身の夢判断を友人に毎日のように書き続けるのです。

そこでフロイトは、①父親に対する功名心（乗り越え願望）、②父親へのエゴイスティックな感情

（病状が長引かず自然に亡くなることへの期待とそうなったことへの安堵）、③学会での名声や大学のポストをめぐって恩師や友人との感情の軋轢などがあったことを、自身の夢判断から徐々に気づいていきます。ユダヤ人であったフロイト家にとってジークムントは一族の誇りであり、自身も社会的栄達を望んでいたのです。

私にも思い当たるところがありました。父親は息子にとって乗り越えるべき存在ですが、老いて死に近づく親を見るのは辛いものです。②の箇所がまったくその通りであることに衝撃を受けました。知情意を表すことがないまま身体が硬化し、痩せ細り、ベッドに寝かされたまま二年を生きた父親に対して複雑な心境がありました。

経鼻栄養・中心静脈栄養だけで臓器を生かす延命治療は、当人にとっても家族にとっても酷なものです。医者も家族も途中で終わりにしようとは言えないので、最期を何年も待つことになります。早く楽になってほしいというのは早い死を願うことにもなります。

私の気持ちは伴侶を見守る母親や看護に訪れる妹の気持ちともずれていたことでしょう。自然死が難しい現代では、治癒・治療ができない医療者側にも、介護を続ける家族側にも負い目として残るのではないでしょうか。

③の気持ちは、教職について三十年が過ぎ、定年まで数年となった私にはありませんでした。フロイトはユダヤ人であるため、ウィーンの大学で教職に就くことが難しく、さまざまな葛藤を抱えてい

たのでしょう。父親に自身の栄達ぶりを見せられなかったことが悔いとしてあったのかもしれません。彼は終生開業医として生計を立てながら研究に打ち込み、ナチスの迫害を逃れてイギリスに亡命した後も、死の直前まで精神分析治療に携わり、八十三年の生涯を閉じました。

死への恐怖と父親への喪の作業と

フロイトは人生の半ばに父を失いますが、青年期に両親を亡くした方もおられるでしょう。私の場合、中高年期に親の老いと死に直面したのですが、二十数年後の自分を予測させる父の姿に自分の死の影を見つけた感覚がありました。第三者の死は一般的な人の死として経験されますが、肉親の死は自分との関係の中で意識される死になります。

生老病死から逃れた人間はいないという道理は分かっていても、いざ肉親の死に直面すると当然ながらうろたえます。健康な人ほど、老いていくこと、死に近づいていることを日常的な意識から追い払っているのではないでしょうか。私も老いや死を忘却して生きてきたのですが、父の最期の姿に自身の姿を見ました。

私の父親はきわめて口数の少ない人間で自分の感情を外に出すこともあまりありませんでした。そのことが感情豊かな母親からするといささか冷たい人柄と感じられることもあったようです。

山形市郊外の農家に三男坊として生まれ、定時制工業高校を卒業した後に金の卵として上京し、二十代後半で帰郷するまで都内の町工場で働きました。父親は山形に戻った後、化学系の大工場で技術屋として定年まで働くのですが、青年時代は文学への夢を捨てがたく、「櫻井緑雪」というペンネームで私小説ともプロレタリア小説とも言えるような小品をノートに綴っていました。

狭い借り家で自作した本棚に古本屋で買った小説などを並べ、小さな町の書店で『文藝春秋』を定期購読していた二人のうちの一人だったといいます。しかし、四十代に入って家を新築すると共に本を売り払い、仕事だけの人生を送ります。自宅のローンと子ども二人を自宅外で大学に通わせるため、相当に切り詰めた生活をしたはずです。

父親は六十歳で定年退職し、それから二十年間、市の図書館で午前中を過ごし、悠々自適の晩年を過ごしました。その間は短歌を作り、郷土史研究会の人たちと歩いたりもしたようです。

私はそんな父親の影響を受けて小学校から図書館の本を乱読し、古本屋で本を買うようになりました。大学も文学部を選択し、小説家かジャーナリストになることを目指したのです。その夢は途中で何度か変わり、現在は大学教員になっていますが、本を書きたいという子どもの頃の夢はそのままです。

実家を離れて四十年間はそのようなことを思い返すこともないままに私は生きてきたのですが、父親の最期の二年間に頻繁に故郷を訪れ、山形の風景や文化に育まれてきた自分を再認識する機会を得ました。

同時に、父親の人生を自分の人生と重ね、父の死と私自身の死への恐怖を受け止めるべく、研究の上でもウェルビーイング（よき生）やウェルダイイング（よき死）を考えるように変わってきたように思われます。

私にとって喪の仕事は父の死の約一年前から始まり、現在も続いています。そうしないことには、「対象喪失」をどうにも受け止めきれなかったのです。単に悲しいとか泣けたということだけではなく、もっと何かせずにはいられない心境でした。なぜなら、肉親の死は自分自身の死をも含んでいるからなのだろうと思われます。喪の作業がこれになります。

悲哀を排除する現代社会への予言

死別や喪失を自然に悲しみ、悔いを味わいながら、自然に心が回復するのを待つ。喪の期間であり、悲哀（グリーフ）がその感情・心理ともいえます。極端な喪失体験をした場合に、悲しみきるだけのエネルギーを持ち合わせていない場合、人はさまざまな心理的防衛機制を働かせます。

①喪失という事実や喪失に関わる自己の否定、②対象の置き換えや対象の敵視、③日常の忙しさへの逃避などです。

肉親や近しい人との関係で悲哀を十分体験しない場合に、後に精神的な問題として突如浮上することがあるといいます。

また、日本の敗戦後における体制と価値の転換をめぐる保守・リベラルの議論にも、①と②の心理的機制が働いていたと思われますし、近年の東アジアにおける日本の政治経済的地位の低下に伴う保守化や外国人嫌いなどの兆候もその一端を示しているのではないでしょうか。

小此木啓吾氏によれば、悲哀の仕事を適切に経験するには、まさにその人なりのやり方で模索をしていけばよいのですが、悲哀の度合いが極度に強いために自分だけで悲哀を経験しきることが難しい場合があります。その時は、①転移の中の悲哀の仕事、②投影同一視による悲哀の仕事の二つの方法で解決が可能だというのです。

①では、伝統的に宗教者が対象喪失した人に寄り添い、その悲しみの同伴者となりながらも悲哀に飲み込まれないように喪の期間や喪の儀礼を設定してきました。現代では臨床的なカウンセラーもその役割を果たせるでしょう。当事者は専門家に一時心を委ねながらも独り立ちしていくのです。世の中にはこの転移を利用して顧客を支配してしまう臨床家や霊感商法、カルト団体などもあるので注意しなければいけません。

②では、伝統的に地域共同体や宗教団体がその役割を果たしてきました。葬儀を家族だけのものとせずに、親族や友人・知人、近隣関係の人々で行う理由がこれです。つまり、同じ悲しみを経験してきた人たちが同伴者となることによって励まされ、また、次の機会に自分が同伴者となることによっても自身の悲哀が慰められます。これも現代で言えば、グリーフワークを共にする自助グループやグ

リーフ・カフェが該当するでしょう。

小此木啓吾氏が『対象喪失』で警告していたことが「悲哀排除症候群」でした。悲哀を経験しない現代社会では、全能感に浸りきった技術的理性による勘違いで人災が勃発し、対象と深い関わりを持たないゆえの空虚さに悩む人々（モラトリアム人間）が増え、結局のところ、対象喪失にレジリアンス（打たれ強さ）を持たない社会になるというのです。

一九七九年に書かれた名著は四十年経って輝きを失っていないどころか、現代社会を正確に予測し得ていたようです。

葬送儀礼の簡略化は家族構成の個人化や地域における互助や義理の希薄化を反映したものですが、他面で、生老病死という人生の必然ではあるけれども突然訪れる不条理に耐えるこころをも弱めているのではないでしょうか。

4 終活世代にせまる親の葬儀と自分の葬儀

終活の三本柱とは何か!?

終活とは、文字通り人生の終わりを意識した事前準備の諸活動のことです。二〇一〇年には新語・流行語大賞にもノミネートされるようになり、雑誌や単行本で特集が組まれました。社会の多くの人々が死を意識しながら生活せざるを得なくなった背景には、やはり高齢多死社会の現実があります。簡単に言えば、すべてお任せで人生を終えるには、あまりに医療が高度化して終末期の選択が増えすぎ、あまりに家族形態も多様になってこれまでの葬儀・法要ができなくなりました。そして、高度経済成長を牽引してきた世代では大衆が家や小金を子らに残せるようになったのです。そのため、①医療面の事前指示、②葬儀・墓の事前準備、③資産管理が終活の三本柱となりました。

もとより、死の臨床については医療・看護の世界では数十年の歴史がありますし、葬送の自由を進める散骨や樹木葬の動きも二十数年の歴史があります。資産家は昔から遺産の継承には腐心してきたでしょう。しかし、現在ほど切実に多くの人たちが人生の最終段階を意識し始めたというのは、高齢化・長寿化と高齢者の単身世帯化が急速に進んでいることが社会背景にあります。

三本柱のうち、予め健康なうちに決めておけるものはどれでしょうか。厚生労働省は二〇一八年度に患者の意思決定支援計画（Advance Care Planning）を終末医療の指針として改定しました。

しかし、多くの人は実際に健康なうちはまだまだと思うでしょうし、治療方法や医療情報も多いためにどこまでが治療でどこからが延命かといった判断をしがたいのです。葬儀・墓については、すべて任せられる家族がいない、もしくは、負担を掛けたくないということであれば、事前準備すべきことになりますが、究極の選択を迫られるわけではないので、ある程度の余裕を持って進められます。

よって、終活とは、この話題と、自宅の処分や高齢者施設への移動など介護を必要とする期間の準備が主となります。

その間、持ち金で足りる人と足りない人との差は今後ますます拡大することでしょうし、老化に伴う認知的機能が低下した状況で各種の悪徳商法やオレオレ詐欺に遭遇するリスクも考慮した成年後見制度の利用が喫緊の課題となります。

団塊の世代の終活

終活に熱心な人が多ければ、終活関連産業も当然のことながらビジネスチャンスに攻勢を掛けてきます。これについては機会を改めて論じたいのですが、何事にも一家言を持つ団塊の世代が七十代に入ることで終活はますます活況を呈していくことと思われます。この世代はいわゆる伝統に距離を置き、自己選択に価値を見いだし、生きてきた戦後世代です。医者、宗教者、銀行マンなどによるお仕着せの治療・葬儀・資産管理パッケージに満足せず、スマホにも適応し、自力での情報収集に余念がありません。

しかし、いわゆる「終活疲れ」や「終活迷い人」が増える可能性もあります。現代の七十代は身体的にも健康な人が多く、お金も時間もあるので余計に終活に時間を使ってしまうのです。定食屋で食べる飯とビュッフェで食べる飯を比べてみてください。ビュッフェの方が最初は選択の喜びが強いでしょうが、ついつい食べ過ぎ、料金も高いとなると決して食後の満足感が定食より高いわけではないのです。自分が納得する行動に価値を置くのも一つですが、行動の結果で人生が豊かになるのかどうかが肝心です。

そして、もう一点、終活ブームに潜む個人主義的人生観も気になるところです。

家族の負担にならないという問題

厚労省の検討会による意識調査では、多くの人が医療の事前指示の重要性を認識していることに加え、七割の人々が人生最後の場所を考える上で重要な事項として「家族等の負担にならない」ことをあげたとのことです。

人生百年の時代と言われますが、健康寿命は男女とも七十歳代前半に留まり、平均余命を過ぎれば大半の人に身体と脳の衰えが来ます。終末期には約七割の人が自己決定できなくなるという現実があるので、患者の意思決定支援計画が推進されるわけです。

しかし、現在の八十歳前後の高齢者はわが子との同居がままならないがゆえの自立を最後まで求められ、団塊の世代以降は自らの意思で自立をあたりまえのこととして生きていくでしょう。地域福祉や地域医療の充実なしに高齢者の一人暮らしは支えられません。

家族の負担にならないというのは自立志向性とも言えますが、家族への配慮でもあります。老後の世話で配偶者や子どもの人生をあまりに長期にわたって拘束したくないし、それでは共倒れになってしまうのが心配なのです。私の一人暮らしの老母も常々迷惑をかけたくないといった言葉を口にしますが、「水くさい、そこまで遠慮しなくてもいい」と思う半面、心身共に衰えてきたときに家族で介護するのは無理であり、地元の高齢者施設に入ってもらうしかないだろうとも考えているのです。

このうえ母親に終活をされたら、私は子としての立つ瀬がないでしょう。寝たきりの父を二年間みてきた経験からも延命治療は要らないという母親の事前指示を聞いていますが、これだけで十分です。終末期医療から葬儀まで何の心配も要らないと安心させるくらいのことは言わせてほしいものです。

私たちは生まれてから約二十年間は親の世話になり、人生の最終段階でも誰かの世話にならざるを得ません。病気やケガで障害を負うこともあるでしょう。家族で世話ができる場合もあれば、行政・福祉の支援を受けざるを得ない場合もあるでしょう。

このように考えると、「人に迷惑をかけない」「家族の負担にならない」というのも程度問題であり、元気なうちはお互いさまの負担を喜んでしあう人間関係や人間観の方が、自己完結型の個人主義よりも現実的ではないでしょうか。

人生の最終段階における医療のあり方は誰もが考えておくべきことですが、葬儀・法要に関する終活は子への配慮としても要らないのではないかと思います。そのくらい任せないと家族や地域、職場や知人の縁を確認する機会すらなくなりますし、葬儀・追悼の場を経験することで自身の人間関係をふり返ったり、死ぬことは無になることではないのだと安心したりできるのではないでしょうか。任せることの効用は社会学的にいくらでも説明できます。

任せると言えば、死に直面して最も肝心なことが魂の行方、死後、人はどうなるのかということです。

葬儀の宗教的意味と人類史的意義

二〇一八年十一月二十九日、京都府亀岡市にある大本本部で開催された教団付置研究所懇話会第十七回大会において、「なぜ、葬儀は必要なのか—葬送儀礼の意味と宗教者の役割」というテーマで各

表　わが国の宗教における葬儀の意義など

神道　御霊を祀り、加護を願う。殯《もがり》、喪屋でしのぶなど日本古来の葬儀とされる

金光教　祭主が故人に代わり、天地の働きに感謝し、霊《みたま》としてお道立てをいただくことを祈念する

大本　死者の魂が霊界におもむき、子孫の追善供養によって霊魂が安定し、子孫を守るようみたままつりを行う

浄土宗　葬儀は、死者が阿弥陀仏によりこの世から極楽浄土へと導かれるよう教えを授け、念仏と信仰を促す最終の機会である

浄土真宗本願寺派　阿弥陀如来と縁を結び直す機会が葬儀であり、故人を偲び、仏縁に感謝する。浄土に生まれ、亡き人と再会し（倶会一処）、悟りを得る（往生即成仏）ことを後生の一大事とする

曹洞宗　導師は死者を儀礼的に出家させ（剃髪、授戒）、戒名や血脈を授けることで、悟りの世界に安住するよう導く

真言宗　導師が秘印秘明を死者に授与して阿闍梨とすべく、真言密教の教えを伝えるべく引導を渡す

天台宗　仏弟子として娑婆世を離れ、浄土へと向かうよう心身の浄化、戒を授け、引導を渡す

日蓮宗　故人の魂を霊山浄土へ導くべく、南無妙法蓮華経の題目を唱える

キリスト教　死者の霊を神に委ね、遺族を慰め、復活の希望（天国での再会）を祈念する。葬儀は礼拝が中心だが、日本における儀式の次第は仏教の葬儀・法要に相当したものとなっている

備考／要約は各教団のホームページなどを参照し、筆者がまとめたもの

教団から発表が行われました。いくつか教団ごとに葬儀の宗教的意義を見ていきましょう。

ここでは、葬儀の次第よりも宗教的目的に着目しました（前頁の表参照）。

日本の諸宗教は神道・仏教・キリスト教・新宗教とで教えや儀式、組織形態までかなり違うのですが、こと葬儀に現れる世界観を見る限り、共通の型があるのではないでしょうか。

つまり、人の死後、魂を霊界、浄土、天国などへ導くために宗教固有の儀式を行い、魂を安堵させ、遺族の悲しみを和らげるため回忌の追悼儀礼を長らく継続するということです。このパターンが日本人の霊魂観の基層にあってその上に宗教文化が乗っているとみなすことも可能ですが、人類が進化を遂げてきた過程において発達させてきた共通の世界観とも言えないでしょうか。

すなわち、人間はホモ・サピエンスとして進化するうちに類人猿とは根本的に異なって「死を意識」し始めました。これは動物が死を予期して身を隠すとか、そういう次元を超えて「人は死んだらどうなる」という答えの出ない問いを抱えることになったのです。そこには家族や親族集団の死に伴う長期間の悲しみの感情が生まれていたのだと思われます。

そこで死後の世界をこの世の写しとして考え、考える主体として霊魂の不滅を信じ、魂のために人の死亡時とその後にわたる追悼儀礼を生み出すことになりました。

こうした儀礼は集団の結束を確認することに役立ったろうし、何より「死んだら終わり」という虚無的・刹那的な生き方ではない、愛他的生き方が死後の魂の行方を決めるという原初的な宗教を生み出したのかもしれません。

その数千年後に現在の私たちの社会があるならば、葬儀をしない社会というのはこの長い人類進化の過程を逆にたどり、私たちの人間性を損なうことになるのではないかとも考えられます。

葬儀の意味を現在の自分の範囲だけで考えるのではなく、なるべく視野を広げて意義を考えていくと、結局、人間とは何なのかという問題にまで突き当たります。そのことを含め葬儀の意義をわかりやすく説いてこそ宗教者という気がします。

5　家を失った現代の葬儀はどこへ向かうか

現代は近世に近づいている

現在の出生率1・43（中位推計水準）が続けば、二一〇〇年の日本の人口は五千万人を割ることが予想されています。出生率の低位推計では四千万人以下に減少、現在の約三分の一になります。日本在留の外国人の人口はわずか2％であり、在留資格を大幅に緩和したとしても観光客の増加のような増え方はしないでしょう。

現在、男性の生涯未婚率（五十歳時点で未婚）は約25％に、女性は約15％に達しています。男性非正規労働者の婚姻率が三十代、四十代で正規労働者の約半分であることから分かるように、未婚率の増加と経済の動向は大きく関連します。長寿化に伴い高齢単身世帯も増えて、二〇四〇年には全世帯の約40％が単身世帯となります。若年単身者はもとより、未婚の高齢単身者では約五割が借家住まいであり、公的扶助対象者の増加が予想されます。

人口規模や階層、世帯の構造を見るかぎり、現代は近世に近づいているのではないでしょうか。かつての身分社会が現代の格差社会です。高度経済成長期に見られた階層の流動性は落ち着き、むしろ階層の再生産構造が強まっています。

江戸時代には、小作世帯にもなれない生涯独身の家内労働者が多く、都市部ではかまどを持てない日雇いの労働者も多数おりました。職業選択・移動の自由がなく、土地の生産性で養える人口規模が決まってしまう社会では、一人食べるだけで精一杯の人々が大勢いたのです。

誰もが家族を持て、家を建て先祖となりうる「家制度」が成立したのは明治以降の話です。私たちが昔として回顧する「昔」は、明治以降に生産力が高まり、出生率も上昇して過剰人口が都市部や海外に移動した、人口増加と経済成長の時代です。約百五十年続いた上り調子の社会は転換期を迎えています。ですから、現在の「家」を単位とする檀家制度や墓制、葬祭慣行は、ある意味豊かな時代の遺産や名残なのです。

そして、現在ある家族や葬儀の形は「現代的」と捉えられていますが、人口・世帯規模の縮小と社会全体の貧困化という時代の転換期にふさわしい変化の表れです。その先には、ＡＩを駆使した葬儀や墓の形態が出てくるかもしれませんが、家族や階層に規定される葬制は近世の頃に似てこざるを得ないのだと思われます。

以下では、江戸時代の頃の葬送を見ていきますが、ただ説明しても面白くないので古典落語を素材としてみましょう。落語愛好者にはおなじみの演目です。

古典落語で分かる江戸の葬送儀礼

江戸時代の小咄や笑い話が寄席芸能となり、三遊亭圓朝が現在の古典落語の原型を作りあげたといわれます。ですから、そこで登場する葬儀の咄《はなし》には江戸時代の風俗が出てきます。

三人無筆（向う付け） 大工の八五郎は、世話になった隠居の通夜に駆けつけた折、翌日の葬儀の帳付けを頼まれました。無筆の八五郎は夜逃げを覚悟しますが、女房は準備だけやって後は同役の人に任せたらよいと知恵を授けます。

翌日朝早く寺へ行くと墨はすられ、帳面や筆も用意されています。頼むはずの源兵衛から帳付けが八五郎に依頼されます。源兵衛も無筆なので、同じことを考えたわけです。困った二人は「仏の遺言で帳面はめいめい付け」と来客に記帳をうながしますが、建具屋の半次が終わり頃に現れます。半次も無筆。困った二人は、半次を来なかったことにしたというのが落ちになります。

故人宅で通夜を行い、寺で葬儀という形態がうかがえます。江戸時代に農民や職人で無筆は珍しくなかったのですが、明治以降演じられたので笑えたのでしょう。

多勢に無勢（永代橋） 太兵衛と武兵衛というそそっかしい二人が同居していました。武兵衛が深川八幡の祭りに出かけたのですが、紙入れをすられてしまい、消沈して帰る道すがら友人に会い、泊めてもらいます。その晩、永代橋が落ちて溺死者が出ます。

朝方帰り道、武兵衛は太兵衛に会います。太兵衛は、お上から武兵衛が永代橋の事故で死んだから死骸を引き取りに来いとお達しがあったと言います。武兵衛はそりゃ大変だと応じ、二人で死体置き場まで来たのですが、見るとどうも自分に似ていない。太兵衛は武兵衛に可哀相だから引き取って葬儀を出せという。武兵衛は自分の葬儀を自分で出すのは間尺に合わないと二人でけんかを始めます。そこに役人が割って入り、溺死者の紙入れから武兵衛だと連絡したが、永代橋の事故で死んだのはスリで人違いだったと。それでもけんかをやめない二人に役人が「お前は武兵衛、相手は太兵衛だ。太兵衛（多勢）に武兵衛（無勢）でかなわない」と告げます。

死者については身元確認と引受人への連絡がなされていたのです。

不忍の早桶（猫怪談）　養父に死なれた与太郎が枕元から離れません。見かねた家主が早桶を用意し、羅宇《らお》屋の甚兵衛と与太郎にかつがせ、四刻（二十二時）に深川から谷中の寺に向かいます。ところが池之端で夜中になり、早桶の底が抜けて死骸が出てしまいます。家主と甚兵衛は早桶を買いに行き、残された与太郎は父親に話しかけながら番をしていたのですが、すぅっと黒い影が横切ったかと思うと、遺体が立ち上がり笑いかけます。与太郎が平手打ちを食らわせるとバッタリ倒れ、何か言い残したことはなかったのかと尋ねるとムックと起き上がっていなくなります。翌日、死骸は根津の質屋の土蔵の釘にひっかかっておりました。そして、「もうこれ以上流さないでくれ」と言ったとか。

江戸時代には早桶職人や葬具業者がおり、遺体は早桶に入れてお寺に担ぎ込まれました。町役人の末端であった家主は裏店の住人の冠婚葬祭にも関わったのでしょう。

黄金餅　下谷山崎町（東上野）の長屋に住んでいた托鉢僧西念が風邪で体調を崩し、寝込んでしまいます。隣に住む行商人の金兵衛が看病し、何か食べたいものがあるかと尋ねます。西念があんころ餅を食べたいと言うのでなけなしの金で買ってきて届けます。すると西念は一人で食べたいと言い、不審に思った金兵衛が壁の節穴からのぞき見ると、西念はあんころ餅から餡を出し、胴巻きから抜き出した二分金と一分銀を餅に包んで丸呑みにしていきます。すべての餅を飲み込んだ西念が苦しみ始め、隣室に駆けつけた金兵衛は餅を吐けと言いますが、西念は口を開けずに息絶えます。

金兵衛は大家に西念の死を報告し、麻布絶口釜無村（麻布十番）の木蓮寺という自分の菩提寺で弔いをあげてやると言います。そして、樽を早桶代わりにして西念を入れ、荷車で木蓮寺に行き、泥酔している和尚を起こして経をあげてもらいます。その後、長屋の住人を帰して桐ヶ谷の焼き場に行き、隠亡（火夫）に腹のところだけ生焼けにしろと脅して焼かせます。一杯飲んで時間をつぶした金兵衛は、夜明けに焼き場に戻り、包丁で腹のあたりを探り、大量の金銀を入手するのです。金兵衛はこれを元手に餅屋を開き、商売に成功しました。「黄金餅」という名物になったと。

ここには托鉢僧、袈裟を質草にして流してしまった貧乏寺の和尚、火葬を担っていた寺男が登場します。金に執着する下級僧侶を焼いて金を奪い取る庶民のすごみを感じます。

片棒　国町（日本橋本国町）に店を構える赤螺《あかにし》屋ケチ兵衛は身代を三人の息子のうちの誰かに譲ろうと考え、自分が明日目をつぶったら後の始末はどうするのかとそれぞれに尋ねました。

長男の松太郎は立派な葬儀を出しますから安心してくださいと言い、通夜は二晩、本葬は本願寺か増上寺で五十人の僧侶に読経を依頼し、会葬者には豪勢なお重と酒、足代や引き出物を渡そうと言います。ケチ兵衛は呆れかえります。

次男の竹次郎は粋で艶っぽい葬儀をやりますと説明を始めます。町内に紅白の幕をめぐらせ、頭連中に木遣唄、芸者衆に手古舞を頼み、遺骨を積んだ神輿を練り歩かせるという奇想天外なもので、珍妙な弔辞まで披露するので、ケチ兵衛は怒り出します。

三男の梅三郎は始末屋です。死骸は野っ原に放っておき自然のまま、鳥にでも突っつかせましょうというので、さすがに通夜・葬儀は出してくれとケチ兵衛が言います。しかし、梅三郎は会葬者が長居できないように葬儀前に出棺し、茶や食事を出さずに香典だけ取る算段を披瀝し、早桶はもったいないので漬け物桶で代用し、運び手には酒代がいるので自分で片棒を担ぐと言います。もっとも、一人では担げないからもう一人を雇わないといけないなと言ったところで、ケチ兵衛が「心配するな。片棒は俺が出て担いでやる」と。

豊かな商家や豪農ともなると葬列は長くなり、葬儀がどんどん豪勢になっていきます。本人は店や家に恥じない葬儀を望み、子は親孝行を手一杯示そうとするので金のかかるものになっていくのです。

葬儀にまつわる咄が落語に少なくないことから、近世にも世俗的な事柄に腐心し、それが別の立場から見れば滑稽に映ったのかもしれません。

個人化時代の再来で葬制も変わる

農村部には村八分という制裁がありましたが、火事と葬儀だけは協力したといわれます。葬儀の互助の仕組みや葬儀道具を揃えるところもありました。江戸や大坂では都市人口の過密化に対して墓所が不足し、火葬が増えます。火葬を担うのが三昧聖《さんまいひじり》と呼ばれる下級僧（寺男）であり、埋葬地には「投げ込み」といって次々に遺体が運び入れられて薄く土がかけられ、「暴き立て」といって遺骨があるところまで掘られて遺体が入れられることもあったようです（木下光生「近世の葬送と墓制」勝田至編『日本葬制史』吉川弘文館、二〇一二年）。

亡くなれば個人ごとに焼かれ、埋められ、弔われますが、年忌法要をやる余裕もなかった庶民が大半だったのではないでしょうか。先祖や家を誇る士族、貴族、豪農に憧れをいだき、明治以降の社会発展の中で家の永続性が願われ、家墓の形式が普及していったのです。家族の安定性は増し、生活のセーフティーネットになりました。だからこその先祖祭祀や檀家制度だったのです。時代は再び、家族の不安定化、個人化の時代に入っています。時代に応じた葬制が現れてくるのも歴史的必然と言えましょう。

第6章

これからの墓はどうなるか

1 これまでの墓から見たこれからの墓の姿

永代供養とは言葉だけか⁉

近年、墓園業者のみならず、寺院でも合祀墓が永代供養墓として注目されています。家墓は家族による維持管理を前提としているために、子どものいない人や子どもに墓の継承を頼みにくい人にとって利用しにくいものになっているからです。大げさに言えば、伝統芸能の家元か大会社の創業家くらいでなければ、子に継がせるべき家業も墓もないのです。

二〇一九年の労働力調査によれば、約89％の人々が勤め人です。農林漁業や自営業に従事する人は減る一方なので、もはやほとんどの日本人が、出生地と進学・稼得先、晩年を過ごす地域を変える可能性があります。系譜の継承や生活共同体を意味した「家」は、一般の生活者にはありません。檀家制度を前提としてきた家による宗旨の継承と檀那寺の護持、家墓の継承はできなくなっているのです。

「家」制度が消失し、九十歳前後で亡くなる人も少なくないために、葬儀は家族葬が増え、年忌法要は七回忌くらいまでがせいぜいという時代に、永代供養墓というのは、いささか矛盾しているような気もします。もちろん、ここでいう「永代」の意味は、数百年単位の話ではなく、せいぜい数十年でしょう。いつでもお参りに行けるという利便性で人気を集めている都心型の最新式納骨堂では、カードをかざすと格納された骨壺が現れて礼拝できますが、資本集約型の墓園業や管理会社が十年先どうなるのか、実のところよく分かりません。地方寺院の存続はなかなか難しい状況にあり、寺院墓地といえども永代ではありません。公営墓地も管理費が支払われなくなった段階で遺骨は合祀され、その区画は再分譲されます。

いわば文字通りの永代供養はありません。家族に代わって骨の管理と供養を当分の間、引き受けるという意味でしかないにもかかわらず、永代供養の響きだけはいいのです。

かくいう私も永代供養という言葉にひかれてその可能性を考えてきました。私には娘がいますが、櫻井という家のまとまりは親と自分の代で終わりと考えています。実家は山形、自分の代は北海道、その先、子どもがどこに行くのか予想もできません。となれば、親の遺骨を含めて自分の代で完結する墓を求めるしかありません。それが永代供養という埋め墓へのニーズだったわけです。

「埋め墓」へのニーズが生じる背景

「埋め墓」という言葉は、文字通り、遺体・遺骨埋葬のための墓という意味です。民俗学・歴史学では、遺骨収納をしない石塔建立だけの「詣り墓（参り墓）」に対応しています（最上孝敬『詣り墓　増補版』名著出版、一九八〇年）。後に、両墓制の話をしますが、あらかじめ結論を言っておくと、現代は「詣り墓」が廃れて「埋め墓」の時代に戻りつつあるのではないかと思われるのです。

明治以降、日本では「家」が制度化され、葬儀・追悼の祭祀も家族に継承される仕組みとなりました。政府は衛生管理上の問題から行政的に墓地と埋葬を管理するようになり、地域ごとに独自であった葬儀法（火葬や土葬）や墓制（両墓や単墓）も画一化されていきます。家の構成員と継承者は同じ墓に入るべく、先祖代々の墓や石塔が建立されてきたのです。家墓や先祖祭祀の習俗は日本型近代家族「家」を前提にしたものです。家が家族成員の扶養や安全保障の単位であった時代に、先祖祭祀は家族統合の象徴でした（森謙二「葬送の個人化のゆくえ」『家族社会学研究』二〇一〇年）。

ですから、家単位の単墓は埋め墓であると同時に詣り墓の性格を強く維持していたのです。

しかしながら、現代では、墓から家族による祭祀・礼拝の要素を除いた納骨墓「埋め墓」が求められています。永代供養の集合墓であれ、樹木葬墓地であれ、家族によって回忌法要までなされても、また追悼の対象であっても、祭祀対象とはいえないでしょう。

二〇一六年時点で高齢者世帯は全世帯の48％を占め、その五分の一は一人暮らしです。また、生涯未婚率も同年で男性23％、女性14％であり、単独世帯は全世帯数の四分の一を超えています。こういう状況では埋め墓へのニーズがますます加速化するでしょう。

ところが、家族祭祀を前提とした日本の墓制において、単身者の死後の居場所が圧倒的に不足しています。公営墓地の供給数は都市部住民の需要にまったく見合っていません。生前に数倍から数十倍の抽選に当たるのを待つか、民間の霊園や納骨堂に納めるか、あるいは納めるべき場所を探しあぐねて家族の遺骨を所持したまま自身が亡くなるかです。その後、行政によって合祀墓に納められるかもしれませんが、このような状況は高齢多死社会における不安要素の一つではないでしょうか。

私は、この問題を考える上でも日本人の墓に対する観念を歴史的に遡って確認する必要があると思われます。その際、中世から近世にかけて庶民層において現れた墓制の変化、すなわち両墓制をめぐる議論が鍵になります。

両墓制が始まったわけと寺院の役割

中世では貴族層において葬儀は僧侶が担うようになってきたものの、庶民では非人や下級僧徒による洛外や山谷での遺棄葬が一般的でした。この時代、死は忌むべきもの、遺体には穢れがあるとされたので、高貴な人々は触れることなく、僧侶に火葬や土葬の遺体処理を任せたわけです。

死者は遺族に思い出されることはあっても、加護を与えてくれるご先祖様として死後も関わり続けるような存在ではなかったのでしょう。

実際、平安末期から鎌倉・室町時代では飢えや乱世に巻き込まれて命を落とすことが珍しくなく、日本人の平均寿命は三十歳にも達していませんでした。そのうえ強固な身分制や低い農業生産性のために家族を持てるものも限られており、死後、子孫に供養を受けたり、祀られたりするような人々はごく限られていました。そうしたなかでも比較的裕福な人々が、鎌倉時代に勃興した宗派仏教の檀那・檀越となって、僧侶によって祈祷や追善の法要を受けるようになります（湯浅治久『戦国仏教』中央公論新社、二〇〇九年）。そこで五輪塔のような石塔や石碑、ラントウとよばれる廟墓が建立されていくのですが、これが詣り墓の始まりと考えられます。

両墓制とは、遺体の埋葬に限定した墓地と、慰霊や仏事のための墓地とが分かれている墓制のことをいい、畿内においては中世から近世への移行的な墓制ではないかと考えられます。

すなわち、埋め墓と詣り墓の位置関係を見ると、埋め墓は村境もしくは里山の際にあり、詣り墓はムラの近くや寺の境内にあります。

民俗学的には、ムラ・ノラ・ハラ・ヤマと同心円状に村人の日常生活世界が拡大していき、埋め墓の位置が日常世界と非日常世界、現実界と異界の間とされるハラからヤマにあったと考えられます。埋め墓においては浄穢観念が保持され、遺体を異物として非日常世界に運ぼうとしたのでしょう。この埋葬地をサンマイと呼ぶ地域があり、火葬場の意味で使ったり、火葬に従事する下層僧徒を三昧聖《さんまいひじり》と呼んだりすることもあったようです。

しかし、両墓制において埋め墓と詣り墓の位置関係は必ずしも民俗学的空間論だけでは説明できないようです。石塔建立の場所が埋め墓と近接・隣接している地域もあります。関東では屋敷地や畑地に埋葬し石柱を建てた地域もあります。

福田アジオは石塔建立に種々の経緯があるために、地域的・歴史的差異が生まれた可能性を指摘しています（福田アジオ「両墓制の空間論」『国立歴史民俗博物館研究報告』一九九三年）。

墓を中心とした追善供養は続くか

ところで、両墓制の議論は、土葬と浄穢観念、先祖祭祀といったものを前提としているように思われ、火葬された（浄化された）遺骨は本来埋め墓を必要としないのではないか、祭祀の中身が通時代的に先祖祭祀なのか追善供養なのか、といった疑問も出てきます。両墓制に対する単墓制（埋め墓と詣り墓が同一墓）という墓制の類型論に宗派仏教による追善供養や葬法の行政的管理の観点をつけ加えてみましょう。

中世の追善供養には、逆修といわれる生前の供養が宗派を問わず行われていたと指摘されています。禅宗・臨済宗において僧侶の語録・法話を分析すると、生前の逆修が個人・夫婦・集団で行われ、十三仏事（初七日から三十三回忌まで）を一年で修した例が多々見られます。こうした法会は貴族層から武士・名主層に及び、その記念の板碑や石碑が残されました（伊藤良久「中世日本禅宗の逆修とその思想背景」『印度學佛教學研究』二〇〇九年）。考えてみれば、供養の元来の意味は仏や諸天、僧に供物を捧げることですから、本人が徳を積むためには自分の意思で生前に行い、それだけでは不足するかもしれないと子孫が考えて追善するのが本来の形かもしれません。

日本では追善が供養の主意に変わっておりますが、上座仏教のタイや大乗仏教の中国では、生前の積徳行為の比重が今でも大きいのです。

日本でも浄土真宗では、東西の本願寺に祖廟や本廟が成立する十七世紀頃、門徒が墓碑を建立し、本山納骨が盛んになり、地方の本山・中本山にも廟所ができて末寺門徒の骨塔（合祀墓）が作られるようになります。その結果、門徒のムラには墓がない（埋め墓も詣り墓もない）状態が生まれ、それを調査した研究者が無墓制と名付けました（蒲池勢至「『無墓制』と真宗の墓制」『国立歴史民俗博物館研究報告』一九九三年）。この場合、真宗本廟が詣り墓になっているともいえます。

また、明治以降、屋敷墓を衛生管理上の問題から一カ所に統合して埋め墓と詣り墓を共同墓地として造成した村落の事例もあります（前田俊一郎「両墓制の誕生とその後」『常民文化』一九九六年）。そして、戦後、火葬が普及することで埋め墓の必要がなくなり、逆に、埋め墓だけあって石塔墓がなかった地域に石塔墓ができるという現象も起きました。

集合的に詣る所があるなら個別の詣り墓は要らないし、火葬できるなら埋め墓は要りません。現在必要とされている墓、納骨のための墓所とはどのような墓なのか、一考の余地ありです。

2　墓じまい時代となり寺院は何をすべきか

永代供養・合祀墓の時代

「永代供養とは一代限りの供養です」と「終活」業者の広告で見たときは驚きました。あまりにストレートで正確な表現だからです。墓地管理料を支払う所有者・継承者を予定できないのだから、一定期間は個人として祀り（一代限り）、その後、合祀墓に移すか、最初から合祀墓に入れる（寺や墓園が存続する限りでの永代）というわけです。

しかし、最初から永代供養・合祀墓を選択しなくとも、全国の多くの墓が事実上の永代供養に移行しつつあります。公営墓地でも民間墓地（寺院の境内墓地含む）でも、管理料を滞納すれば関係者に管理を打診する通知が行き、墓前と官報に「無縁墳墓等改葬公告」が出され、一年以内に申し出がなければ墓石は撤去され、骨は合祀墓に移され、墓所は新規の利用者に供せられます。

『朝日新聞』（二〇一四年七月三十日付東京本社版）の調べでは全国四十七自治体中、三十二自治体が無縁墓の存在を認め、既に十九の自治体が調査・改葬に着手しています。

熊本県人吉市が市内九百九十五カ所の墓地を調査したところ、四割強が無縁だったといいます（前掲）。墓地利用の需要がないところは無縁墓地もそのままなので、地方ではかなりの割合で無縁化が進み、寺院の境内墓地では事実上の永代供養が進行しているものと思われます。

墓の維持管理を公営にできないか

「墓じまい」という言葉はこの十年の間に広まり、『朝日新聞』でも二〇一〇年に「墓じまい、私の務め」として紹介していますし、雑誌の特集や研究論文としても二〇一四年頃から急増しています。現在、インターネットの広告を見れば、「終活（自分で葬儀・墓を準備）」「墓じまい（改葬）」「樹木葬（集合墓）」の三題噺に業者の解説と見積もりがあふれています。

「墓じまい」とは、無縁化する前に現管理者が永代供養を早める行為であり、墓園業者にとっては新規ニーズの開拓ですし、自治体や寺院にとっても放置されるよりありがたい話です。

私は墓じまいの報道に接して、墓と骨の処遇に悩む日本の中高年に共感しつつ、同時に死んでまでも骨となった身の自己責任を追及される（家族が継承する）日本の墓地行政や墓の制度にやるせなさを感じています。百年の単位で考えれば、骨や墓地の継承者が不明になるのは当然のことであり、それを「無縁」と呼び、管理の「無責任」といったニュアンスで問題にしなくてもよいのではないかとも思うのです。

先祖代々の家墓が庶民に普及したのは明治以降たかだか百年のことであって、「系譜、祭具及び墳墓の所有権は、前条の規定にかかわらず（資産の共同相続ではなく）、慣習に従って祖先の祭祀を主宰すべき者（個人）が承継する」という民法第八百九十七条の規定は時代に合わなくなっています。墓は一世代限り、もしくは個人墓や合祀墓を基本にして、自治体が福祉の一環として誰もが後顧の憂いなく公営墓地に眠れるような公共事業をやってもよいのではないでしょうか。

さて、墓じまいの実際について簡単に見ていきます。

墓じまいを選択する理由

厚生労働省の衛生行政報告例によれば、二〇一六年、全国の埋葬数百三十七万六千八百五件中、改葬は九万七千三百十七件です。一番多い県が東京都（七千七百五十六件）であり、次に北海道（六千百七十四件）です。札幌市は四百三十三件なので、道内から札幌や本州方面に出て行った人たちが墓じまいをしたものと考えられ、その数年に千件単位で増えているのです（『朝日新聞』二〇一五年二月十五日北海道版）。

墓じまいをするには、まず事務手続きとして現在の墓の管理者から「埋葬・埋蔵証明書」を出してもらい、その後新しい墓の管理者から「墓地使用許可証」または「受入証明書」を発行してもらい、「改葬許可申請書」とともに、現在墓のある市町村に提出します。具体的作業としては、墓石の撤去と骨壺の移動が続きます。菩提寺がある人は住職に相談することになりますが、檀家を辞めることに対して離檀料が問題になることをほとんどの業者のホームページでは注意しています。その相場は十万円から二十万円と相場まで記載しているものもあります。

住職もしくは、公営墓地の場合でも僧侶に墓の魂抜き（閉眼供養）を依頼する必要があること、お布施と車代で数万円かかること、墓の解体・撤去費用は十万円から三十万円、骨の取り出し・移動・新しい墓の購入・埋葬で百万円くらいかかることなど詳しいものです。墓園・墓石業者は墓園・納骨堂・樹木葬などの紹介を行うと共に、事務作業を含めたすべての工程を一括して引き受けることも可能であるとうたっているのです。

全国石製品協同組合が二〇一八年に実施した「墓じまい」を行った全国百四十一名へのアンケートによれば、墓じまいを行った理由としては、継承者がいない（62・8％）、墓が遠い（17・5％）、墓の維持費が高い（13・1％）、子に迷惑をかけたくない（6・6％）でした。永代供養墓への移動と、地方から都市部への改葬を自分たちと子世代のためにやるわけです。

そして、遺骨をどうしたかについては、新しい墓に納骨（42・3％）、納骨堂（16・1％）、永代供養墓（14・6％）、別の墓に移動（10・2％）、海洋散骨（6・6％）、自宅安置（5・8％）、樹木葬（4・4％）となっています（ライフ&エンディングBIZ）。

この統計には出てきませんが、大阪市天王寺区の一心寺に納骨し、骨仏にしてもらう人もいます。

納骨料は一万円から三万円です。一心寺に骨仏は七体が現存し（六体は大阪大空襲で焼失）、一八八七年以来、これまでに約二百万人以上の遺骨を受け入れてきたとされます（『朝日新聞』二〇一七年四月二十四日付大阪本社版）。

墓じまいを検討する人の心境には《父の墓が田舎にあります。私が定期的に訪れ、墓の手入れはできていますが、これからを考えると心配です。母は父の墓に葬りたいですが、私も妻も一人息子も田舎に住むつもりはなく、将来は永代供養などして墓じまいしたいです。しかし、親戚のこと、母が私より長生きしたケースなど考えるとかなり困難です。（東京都男性六十〜六十四歳）》と私と同じ境遇の人の悩みがあります。

また《祖先の墓に手を合わせる子どもや若者が今いるでしょうか。墓を作る意味が見いだせません。ですから墓をもつことをやめました。（大阪府女性六十〜六十四歳）》と自身の完全なる墓じまいを語る人もいます（『朝日新聞』二〇一七年十一月八日付Ｒｅライフ「読者会議」）。

墓で悩む人は多く、先祖の墓、親の遺骨、自身の骨をどうするのか、なかなか答えが見つからないのが現状ではないでしょうか。

墓参と幸福度の相関関係はあるか

私が二〇一八年全国で無作為に抽出した千二百名を対象に行った調査において、主観的幸福感（現在、自分の幸せの度合いを1から10の間で回答を求める）と宗教的実践の関係を見たのが、左のグラフになります。nは回答者総数、平均値の上下の棒は標準偏差（データが少ない方がばらつきが大きい）を示しています。

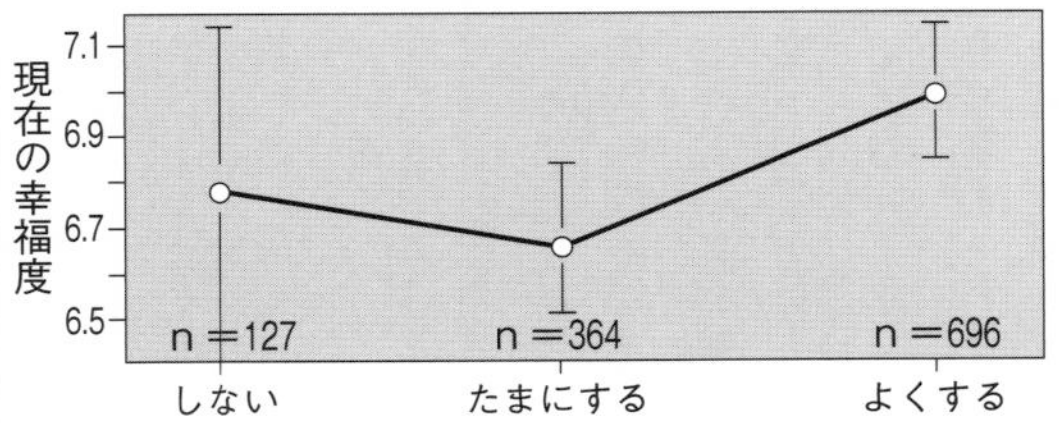

図1　お盆やお彼岸に墓参りをするか

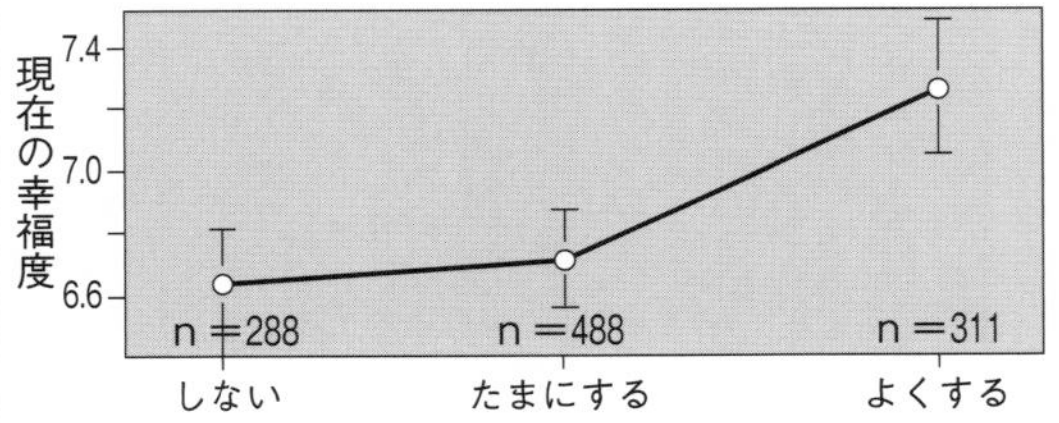

図2　地域のお祭りに参加するか

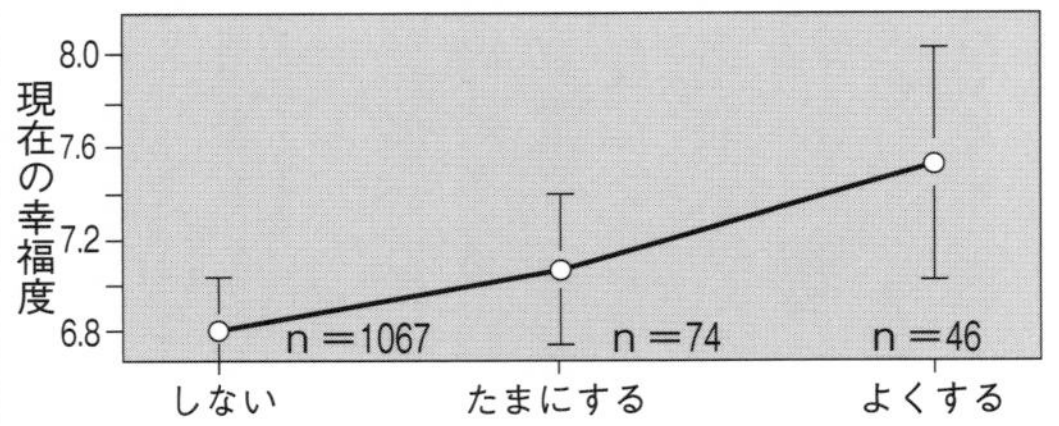

図3　宗教団体の集まりに参加するか

図1では、盆と彼岸における墓参りの実施の度合い（しない、たまにする、よくする）ごとに主観的幸福感の平均値を表しました。墓参りをたまにする人は、まったくしない人よりも主観的幸福感が低いのです。よくする人の幸福感が高いのは分かる話ですが、なぜ、まったくしない人より

もたまにする人の幸福感が低いのでしょうか。

二つほど、比較の図を出してみます。図2は地域の祭礼に参加する人の主観的幸福感です。参加する度合いに応じて幸福感が増していることが分かります。また、図3では宗教団体の集まりに参加する人の主観的幸福感を示しています。これも参加の度合いに応じて幸福感が増しています。

墓参と地域の祭礼への参加、宗教団体の集会への参加の違いは何でしょうか。祭礼、宗教団体の集会へ参加すると、人とふれあい、互いに励まし合います。ですから、活動の頻度は満足感や幸福感につながると考えられます。

それに対して、墓参ではしないよりもした方がいいはずですが、中途半端にやると満足感がかえって得られないのです。先祖や両親の墓が遠く離れた故郷や不便な場所にあるために頻繁に墓参りができない。このことは気持ちがある人ほど負い目となります。だから、墓じまいをする人がいるのです。

中高年の悩みに寺院は何ができる

亡き人の菩提を弔う、先祖に感謝する、こうしたことの重要さを説かない僧侶はいないでしょう。しかし、その気持ちはあっても墓が悩みの種であり、十分な墓参ができないことで幸福感を減らしている人がいることにどれだけ多くの僧侶が気づいているのでしょうか。

寺院仏教の基盤である檀家制や家墓では解決になりません。少なくとも、現在の五十代から七十代の中高年の悩みは解決しません。

終活産業は言います。墓を建てない、納骨堂・永代供養にする、散骨する、骨壺の自宅安置、墓じまいなど、解決策は提案できますと。ある意味で産業界の方が、現代の中高年者に寄り添っているかのようです。

現代仏教、地域寺院、僧侶各層がこの状況に大胆な提言ができないようでは、何のための追善供養を説く宗教かということにならないでしょうか。現代の家族や個人の状況にあった葬儀・追悼のかたちを提案し、宗旨の別なく誰にでも「最期の安心」を提供する時代になったのではないでしょうか。

3　家族葬の時代となり家族墓はどうなるか

なぜ時代は令和なのか!?

平成から令和に元号が改まりました。平成の三十年間、私たちはどのように過ごしてきたのでしょうか。

昭和は善くも悪くも国家総動員体制の時代であり、戦前は国家のために国民が命を散らし、戦後は家族と社会の豊かさを求めて邁進しました。昭和の終わりに日本は空前の経済成長を遂げ、私たちは人生右肩上がりの価値観と経済大国の世界観を保持したまま、平成に入っていったと記憶しています。

ところが、バブル経済崩壊後、二十数年にわたって日本経済は停滞し、地域は人口減少や災害にみまわれ、平成の終わり頃には経済成長＝豊かさという国家目標が疑われました。

気づいてみれば、中流社会から格差社会へ移行し、民族や性のマイノリティを包摂する多文化主義とそれにとまどう排外主義とがぶつかり、そして、多事争論よりも言いっぱなしと炎上が繰り返される窮屈なネット社会となっていました。

国民社会の結集軸を見失った居心地の悪い時代こそ希望は必要です。

環境や将来世代へ配慮したＳＤＧｓ《エスディージーズ》（Sustainable Development Goals／持続可能な開発目標）は国際社会のみならず、日本でも社会発展の方向軸になるものです。平和が保たれ、ほどほどの生活ができる小春日和のような穏やかな暮らしを人々は望んでいます。

こうした願いに鋭敏であったのが平成天皇（上皇）御夫妻であり、多くの国民が退位に別れを惜しんだのは当然だったと思います。天皇が自然体で国民統合の象徴になっていった時代というのも平成の特徴でしょう。

元号の制定背景がどうであれ、和が容易に保たれない時代だからこそ令和が時代の象徴になることが望まれます。和をおきて（令）として政治家が命じるのではなく、よき（令）ものとして国民が自発的に尊重し、多様な価値観や多様な文化背景を持った人々と共存していくということにおいて令和を寿ぎたいものです。

持ち家志向からレンタル志向へ…

もう少し、時代をふり返りましょう。私の少年期は昭和四十年代でした。庶民にとっていわゆる三種の神器であったテレビ、冷蔵庫、洗濯機が完全に揃ったのは小学生の頃です。上山という山形県の田舎町なので都会より十年は遅れており、その頃は新・三種の神器としてカラーテレビ・クーラー・車を所有することが豊かさのしるしでした。私の親は家電製品よりも古く狭い借家を出るべく土地を求め、家を建てることに必死でした。父親は固定低利・長期の住宅ローンを住宅金融公庫から借りましたが、昭和四十年代の物価上昇率は年率4％から7％であり、オイルショック前後は10％から20％です。「借金しないのはバカみたいなものだ」と父親が口癖のように言っていたのを覚えています。元本が小さくなることに驚いたのでしょう。

住宅公団は都市部で集合住宅団地を開発し、民間ディベロッパーによる郊外型住宅の分譲も始まりました。

一九七三（昭和四十八）年にオイルショックで高度経済成長が終わると、政府は持ち家建設を経済対策の柱としました。日本では公的賃貸住宅と社宅を合わせても住宅総戸数の数％であり、手頃な賃料と間取りの民間賃貸住宅もあまりないために、持ち家需要は当初から高かったのです。しかも、インフレで住宅・土地価格が上昇し、不動産が資産化していくので、ローンを組んでも持ち家を手にするのは得だという発想が国民に浸透しました。

田中角栄が『日本列島改造論』を発表し、首相になったのが一九七二（昭和四十七）年です。田中が死去したのはバブル経済崩壊後の一九九三（平成五）年ですが、それまで全国で開発が進み地価は上がり続けたのです。

この時代に日本人の持ち家志向が形作られました。賃貸住宅に住む人たちは都市部や若い世代に多く、住宅総戸数の三割を占めます。民間の賃貸住宅では保証人が必要であり、保証人がいない、もしくは近くに身寄りがない高齢者に貸さない大家や業者が多いのです。それで老後の安心と資産価値を見込んで多くの国民がローンを組みました。

終身雇用や年功賃金が生きていた昭和の時代は、定年の頃までにローンを払い終える見込みがあったのです。

しかし、インフレの昭和末期には三十、四十代の勤労世帯では月々の返済額が家計を圧迫し、平成のデフレの時代では債務の負担が重いまま、賃金も上昇せず雇用も不安定化するようになります。私自身は一九九二（平成四）年に自宅を建てたので、ローンの元本は減らないまま不動産価格が下落するという運の悪さを経験しています。

現在、若い世代の持ち家率は下がり、地震、台風、集中豪雨などで自宅を失っても債務は残るという「負」動産化を目の当たりにして、持ち家志向がクールダウンしています。

今のトレンドは、家のみならず車、家電製品、衣服含めてのシェアやレンタルです。所有それ自体を豊かさと考えない人たちが増えています。

考えてみれば、二十年の単位で家族の人数も変わるし、一カ所で働き続けられる保証もなく、最後はサービス付き高齢者向け住宅に入るかもしれません。遠距離通勤や単身赴任で人生の何分の一も家に住まない勤め人も珍しくないでしょう。高度経済成長期にだけ合理的だった家の所有は、ほどなく割に合わない消費になっているのです。

にもかかわらず、私たちが昭和・平成と持ち家志向であった理由は、政府の住宅・経済政策以外に、「家を持って一人前」という旧慣的「家」意識があったからではないでしょうか。

空き家問題が家族墓にも発生した

家制度といえば家父長制、長男子の単独相続、先祖祭祀権の継承などで構成され、旧民法に規定された家族の制度です。伝統家族の典型と考えられていましたが、実際は相続だけでも初生児相続、姉家督、末子相続など農村でも多様であり、商家や職能で家業を継承する家では有能な婿取りをしていました。明治以降、人口が急増して食えなくなった若者や壮年世代は北海道、朝鮮・満州・台湾、ハワイ・南米へ拓殖移民し、状況に合わせてさまざまな生き方を選んだのです。

寄生地主制の下で細々と暮らしていた小作農民や都市の貧困層にとって「家」は理想でしかなかったでしょう。一部の豪農や地主、華族や名望家の家族像や生活様式の一部が、戦後も家族主義的規範として昭和の時代に残存し、高度経済成長の時代に復活したのではないかと私は考えております。

「家を建てて一人前とみなされる」という意識は、柳田國男が『先祖の話』で紹介した新潟から東京へ出てきて大工の腕一本で家作を持ち、六人の子どもたちを育て、相応の墓も用意した老人の「ご先祖になることができる」という自負心につながるものです。

柳田は、太平洋戦争で若い命を散らした兵士たちの魂が家族のもとに帰ってくることを願いました。人は亡くなった後、祖霊として子孫を見守るという祈りにも似た祖霊信仰を説いたのです。

高度経済成長期に都会へ出た人々や地方に残った人々は、家族のために家を建てることで自分の社会的あかしや豊かさを確認しようとしたのではないでしょうか。それは生活上の利便性や資産形成といった計算を超えたものです。

しかし、古民家のような百年以上も使われ続ける家であれば経済合理的ですが、木造住宅の法定耐用年数は二十二年、鉄筋コンクリートのマンションで四十七年です。

なにより問題なのは、二代続けて住み続ける家が少ないことです。一九八〇（昭和五十五）年では家族の類型において三世代家族が50％と一番多かったのが、三十年後の二〇一〇（平成二十二）年には16％に下がり、単独世帯が24％、夫婦のみの世帯が30％となりました。現在の三世代家族は約10％です。家族のために家を建てても子どもが自立したら夫婦のみになる世帯が大半になったのです。その理由は、子どもの大学進学や就職、結婚の範囲が市町村や県を超えたためです。

私の実家や町内の住宅も同じことで、子どもたちが出て行き、老夫婦が亡くなって半数が空き家のまま取り壊されることもなく残っています。全国総住宅数の約一割、八百五十万戸が空き家です。同じことが墓にも生じています。親世代が家族のために墓を用意したにもかかわらず、子どもたちが出て行き、家族墓なのに一代限りか墓じまいの対象になっているのです。

家族墓の始まりと見えてきた終焉

日本で家族墓が現れ始めたのは昭和の初めだと言われています。東京では一九二三（大正十二）年の関東大震災後に焼失した市街地の区画整理が行われ、寺院墓地が宅地に転換されたり、個人・夫婦墓が家族墓に合葬されたり、焼骨を骨壺に収蔵する納骨堂や墓石下のカロートに収める特設墓地が作られました。死体を直接地面に埋葬する墓よりスペースがいらず、改葬も骨壺と墓石の移動だけで済むため合理的だったわけです。

家族墓は何体もの焼骨を入れられるので子孫に継承される財産になります。こうして都内では家族墓が主流になりました（問芝志保「東京における家族納骨墓の成立とその背景」宗教と社会学会報告、二〇一八年六月十日）。

地方では葬制・墓制もさまざまで、昭和四十年代の初めでも私の祖父母は集落の共同墓地に土葬されました。墓地には小さな石が墓標のようにありましたが、家族墓の墓石はありませんでした。檀那寺の位牌堂に位牌を厨子に収めて祀りました。

しかし、徐々に先祖代々を刻んだ家族墓が建てられるようになりました。家を建てることと墓を建てることは、一人前と認められる条件だったのです。長男であれば跡取り息子として別格の扱いで育てられ、地元に残って老親を扶養し、次男、三男は分家として認められるべく家を構えようとしました。

かくいう私も長男坊として地元に残って親の面倒を見ることが期待されておりましたが、高等学校卒業と同時に家を出ました。大学進学と就職先が地元にないことが戻らない理由でした。あの家は地主（檀那衆）か、本家か分家かといった家格が大人の会話の端々に出てくる窮屈な世間から出たかったのです。地元に残り、婿入りした同級生もいました。

昭和・平成と生きた日本人のよすがは、家族が住み続ける家であり、家族で入る墓だったのです。しかし、「家」も「家族墓」も時代にそぐわないものとなってしまいました。令和の時代、何が家族や地域社会の結節点となるのでしょうか。国に天皇制あり。しかして社会には……。

４　これからの遺体遺骨はどうすればいいか

自然葬は葬送儀礼の一つか

自然葬と言えば散骨をイメージする人が多いと思われます。一九九一年、ＮＰＯ法人「葬送の自由をすすめる会」が会の設立趣旨で用い、普及した用語とされます。

《自然葬は、故人の遺志とそれを尊重する遺族の意思によって、つまり自己決定によって海、山などの自然の大きな循環の中に遺灰を還す葬法である。万葉の昔からの伝統的葬法を現代に復活させるとともに、墓地造成による環境破壊を防ぐ葬法である》（同会のＨＰ）とあるように、①遺灰を自然に返す、②墓地による環境破壊を防ぐことが趣旨です。

具体的には、葬儀後、焼骨の一部か全てを粉末化して、地面であれば地権者の許可を得て、山野海洋であれば公共性に配慮して散骨します。

実際には、故人の思い出の地や遺族の意向で自由に散骨できるわけではなく、宗教法人所有の樹木葬地や近海漁業に差し支えのない海洋が多いようです。完全な散骨は焼骨の収蔵や埋蔵の必要がなくなるので墓は要りません。直葬と散骨、慰霊もしないという人はほとんどいないようです。むしろ、故人の意向に沿った葬送儀礼なのでねんごろな弔い方の範疇に入るのではないでしょうか。

なにが最も自然に配慮した葬法か

ところで、「自然葬」の定義の問題です。葬送それ自体は宗教文化の領域なので簡便であれ複雑であれ、人為的文化的なものです。

しかし、遺体の処理法については、遺体の腐敗にどう対処するか、遺体を加工して残すか骨にするか、骨化や土に還る過程を早めるかどうかなどさまざまなバリエーションがあります。

腐敗対処法としては、アメリカで通常行われる土葬や火葬前のエンバーミング（遺体から血液や腐敗物を抜いて防腐剤を充填し、洗浄・化粧し、納棺）が日本でも実施され始めています。半永久保存となった例は社会主義国の指導者くらいです。商業化されないＤＩＹ的な保存法がミイラ化であり、伝統的にはエジプトやインカ帝国の王族、日本にある入定した一世行人の僧侶、インドネシアのトラジャ族があげられます。

多くの民族では埋葬（土葬）により死者を葬ることが多いのですが、土が硬いか低温もしくは乾燥して埋葬により自然に還すことが適さない生態系では、置きっぱなしにするしかありません。

エスキモーやシベリアの少数民族では風葬（地表や樹木の叉に置く）、チベットでは鳥葬がなされました。インドのゾロアスター教徒も遺体を沈黙の塔と呼ばれる尖塔に置き、ハゲワシに供しました。もっとも、近年は生態系の変化や開発によってハゲワシが減り、鳥葬が困難になりつつあるようです。

土葬や風葬こそ人体を動物や昆虫に食べさせ、微生物やバクテリアの働きを借りて人体を土に還す自然葬の名にふさわしいものと言えます。しかし、衛生面からも、埋葬適地の喪失や墓園の狭隘化という点でもこの葬法は都市化や近代化には適していません。

火葬は、火で浄化するという宗教的意味合いを加えた上で骨化を加速させ、人体を数十分の一の質量に圧縮する利点があります。しかし、木材や化石燃料を用いるので自家用車一カ月分の二酸化炭素を排出します。ダイオキシンも出ます。ですから、焼骨後に散骨するのは、考えられているほど自然に優しいわけではないのです。

むしろ、土葬の方がエコロジカルと言えますが、大都市では自治体が禁止しており、禁じないまでも許可をしている自治体は日本では数えるほどです。

実はアメリカにおいて究極の土に還る自然葬が試みられています。

遺体を堆肥化する自然葬とは何か

コンポストとは、生ごみなどの有機物を、生物の力で分解発酵させて作った堆肥のことです。遺体コンポストとは、遺体を木材チップやおがくずで覆った上に土をかけて堆肥にすることです。医者一家に生まれて建築学を専攻した女性のカトリーナ・スペードは、二〇一四年に家畜の死体を堆肥と木材チップで覆って堆肥化してきた農家からヒントを得て、人体への応用を考えました。

ウェスタンカロライナ大学やワシントン州立大学の法医学や土壌学の専門家、新しい葬法を模索する葬祭業の人たちとも協同して現在、「土に還す（recompose）」プロジェクトを進め、ワシントン州議会はこの葬法について審議して可決し、二〇二〇年に合法化される予定とのことです（https://www.recompose.life/)。

アメリカでは死者の50％が土葬されますが、エンバーミングを施されているので土壌に有害化学物質を漏出させます。火葬も地球温暖化を加速化します。人は死んで土に還るというイメージは事実と異なり、人は死んだ後、地球を汚しているというのです。それで他の動植物と同様に、生命が尽きた後、微生物によって分解され土に還るという自然のやり方に従うのが自然ではないかと言います。

具体的には、シアトルに遺体コンポストのセンターを作り、その土で周辺を公園にする計画です。センターには遺族が最後の別れをする葬儀の施設を併設するなどのプランがあり、会社の運転資金の募金や投資を呼びかけています。

科学的には有機体がバクテリアなどで分解されることは事実であり、堆肥として発酵すると七十度くらいの温度になるので腐敗臭や有害な病原体をなくすことができ、約三十日間で土に還ることが遺体実験（法医学の施設）で証明されているそうです。

歯の詰め物やステントなど金属はふるいにかけて取り除き、感染症で亡くなった遺体は処理しないなど細部の詰めもできているようです。

私はこの葬法を知って感心しました。自然葬として散骨より優れているのではないでしょうか。つまり、散骨の根本的問題は骨のまま撒いてしまうことで、山であれば骨周辺の流水が水資源に含まれること、海であれば骨を食した海産資源を第三者が食する可能性があることです。個人の思いはどうであれ、他人にとっては気分のよいものではありません。それより、土に還して公園などを作ることができるのであれば場所が特定できるという意味で、故人を偲びたい人は訪れればよいし、関係のない人は立ち寄らなければよいだけです。燃料を使わない、場所を取らないというのもいいですね。

アメリカの葬祭業者にして葬儀ライターでもあるケイトリン・ドーティが、この葬儀を紹介する際に「腐敗には自由がある」と言ってのけたことにも新鮮な感動を覚えました（池田真紀子訳『世界のすごいお葬式』新潮社、二〇一九年）。

ドイツが進めている樹木葬の普及

ドイツを旅行すると鬱蒼とした森に出合います。森林率は約30％でフランスや中欧諸国とさして変わりません。日本の森林率は約70％で北欧諸国並なのですが、山岳地帯が多いので林業などの実利用率は下がります。ドイツの森林は丘陵地帯にあり、フランスとの国境にあるシュヴァルツヴァルト（黒い森）の高い山でも千五百㍍を超えません。人々は休日に散歩したりキャンプをしたり、森に親しんでいるようです。温泉などの保養地や観光地も森と一体化しています。

ドイツでは二〇〇一年に樹木葬墓地ができて、現在は約五百カ所に増え、火葬（普及率は約50％）された焼骨の約一割が公有林や民有林の墓地専用の森に埋葬されています。墓碑は建てず、木の根元に埋めます。その木を墓標とし名前を付したプレートが付けられます。

樹木葬墓地の普及の理由は、日本同様に人々の移動が増え、墓守をやる家族がいなくなってしまうことがあげられます。もちろん、庭師に依頼して墓を掃除し、花壇の整備をすることもできますが、お金がかかります。それよりも森のまま自然にしておいた方がよいという志向性があるようです。これはドイツ人の森に対する愛着も関係していると思われます。

ドイツの樹木葬ですが、森林保全に関する施策との関連もあるようです。人々がリラクゼーションに利用できる森はパス（歩行路）の整備をはじめ利便性を高める整備が必要です。樹木葬の区画として利用することで森が整備されます。焼骨が埋葬された樹林の間をサイクリングやピクニックで楽しむという感覚が、おそらく日本の里山型樹木葬との違いです。

樹木葬の将来は、森の維持にかかっているようです。近年、酸性雨や立ち枯れの原因となる病虫害が発生し、墓標代わりの木が倒壊する可能性もあります。

しかし、広大な森の中に眠る人々の肉体と魂は自然に還っていくのではないでしょうか（上田裕文『こんな樹木葬で眠りたい』旬報社、二〇一八年）。

教会から離れたイギリスの樹木葬

イギリスでは伝統的に国教会が墓地を提供していましたが、急激な都市化で墓地が不足し、十九世紀には地方自治体が公営墓地を運営することになりました。

ドイツでは埋葬場所が墓地と法律で定められ、樹木葬は指定された森の範囲でしか認められていないのですが、イギリスでは私有地への埋葬も可能です。

樹木葬は一九九三年に市営墓地の一部を自然葬墓地に改修したのが始まりのようです。埋葬法としては、火葬もしくはエンバーミングしない遺体の土葬であり、墓石を建てない、ガーデニングを施した花壇を設置しないという方式です。樹木葬地は雑木林の一部という景観です。

ドイツでは公有林の森林官や民間林の所有者が森林の活用を図るところから樹木葬が始められたのに対して、イギリスでは自然葬志向や葬祭業に依頼しないＤＩＹ埋葬を行いたいという人々の要望に応える形で各種団体（自治体、慈善団体、民間団体など）が設立され、行政がゆるやかにガイドラインを提示しているという状況のようです。しかも、教会など宗教団体の関与がないのが特徴であり、新しいライフスタイルとしての墓制とも言えます（内田安紀「イギリスにおける自然葬の出現と普及」宗教と社会学会口頭発表、二〇一八年)。

伝統的な宗教や葬祭・追悼儀礼の商業化に距離を置き、自分たちで納得した葬儀や墓を選択したいという志向性は、日本の自然葬や散骨の流れとも共通点があります。

豊かな経済生活に合わせて葬儀や墓も立派になり、遺体処理も技術革新で短縮され、親族や地域共同体の手間暇をサービス業が代替しました。それでは心が置き去りにされるということでのＤＩＹ葬法の復活なわけです。手作り感こそが、自然と認識されているのかもしれません。

5　樹木葬という名称の墓がなぜうけるのか

樹木葬の始まり

日本における樹木葬は、岩手県一関市にある臨済宗妙心寺派祥雲寺の、千坂嵃峰住職（当時）が始めました。同寺の別院知勝院が一九九九年に樹木葬公園墓地を開設し、里山をそのままの形で墓苑にしたのです。

祥雲寺は一六八二年開基と伝えられ、千坂師は「北上川流域の歴史と文化を考える会」を主宰するなど地域の自然環境の維持に積極的に取り組んできました（千坂嵃峰『樹木葬和尚の自然再生―久保川イーハトーブ世界への誘い』地人書館、二〇一〇年）。

知勝院は二〇〇六年に宗教法人となり、現在は約二万七千平方メートルの里山墓苑を持ち、関東方面を含む樹木葬契約者を檀信徒としています。里山保全をめざす樹木葬については、後述する千葉県の曹洞宗真光寺の事例で詳しく見ていくこととし、現在ある樹木葬の形態について整理しておきましょう。

樹木葬墓地の三つの形態

およそ三つの形態があります。①里山保全型、②シンボルマークとなる樹木の周囲に焼骨を埋蔵する公園型、③墓石代わりに桜などを植える既存の墓園型です。

①の樹木葬墓地にはその地域の里山にふさわしい樹種を選んで育てる森林管理の技術が必要であり、百年単位の計画が求められます。知勝院では久保川イーハトーブ自然再生研究所、真光寺では上総自然学校などの活動を通して里山保全の意義を地域や都市の人々に伝えようとしています。間伐、草刈り、歩道の整備などボランティアの力も必要であり、樹木葬だけではない里山の支援者がこのタイプでは重要なのです。

②の樹木葬墓地として、認定ＮＰＯ法人エンディングセンターが企画した「桜葬」があります（井上治代『桜葬―桜の下で眠りたい』三省堂、二〇一二年）。区画ごとにシンボルツリーとして桜の高木が植えられ、集合墓での桜葬メモリアルという合同祭祀が行われます。井上氏は一九九〇年にエンディングセンターの前身として「21世紀の結縁と墓を考える会」を発足させており、現代の墓制の研究と実践活動を同時に行ってきた方です。

　このＮＰＯ法人の活動目的は、家族に代わって墓の生前契約と死後のサポートを行うという「少子高齢・無縁」社会のモデル作りにあり、団体のイベントを通して会員同士の相互交流（結縁）に力を入れています。墓掃除、芝刈りなど会員がボランティア参加します。

③は自治体や民間の墓苑がケヤキの大木などのシンボルツリーを合葬墓に配置したり、個別墓地に墓石代わりに桜を植えたりする従来型墓地です。自治体は墓地需要に対応するべく遺骨を合葬する集合墓を造成し、無縁仏の合葬墓と差異化するべく樹木を植えたという趣向もありますし、民間墓園では樹木葬のイメージで墓地を分譲している観もあります。

日本最大の墓関連サイトを運営する株式会社鎌倉新書の「樹木葬なび」では、全国の樹木葬墓地で代表的なものが掲載されていますが、寺院の境内墓地や集落墓地などで樹木が配されているようなところも含めれば、現在の樹木葬墓地は百カ所を超えています。

埋葬法自体はエコロジーではない

ところで、樹木葬という言葉ですが、これも散骨が自然葬として認識されているのと同様に、いさかイメージ先行のところがあります。樹木葬は、葬儀次第とは関係なく、遺体処理法としては火葬による焼骨化であり、それを土中に埋蔵する際に山林の中か、樹木周囲の土中か、区画墓地のカロート内かという埋蔵の場所だけで樹木葬と呼ばれているのです。

景観としては墓石団地や納骨堂よりも太陽がさんさんと注ぐグリーンのイメージが強いのですが、埋葬法それ自体がエコロジーではないことに注意が必要です。

また、草むしりだけで済む一般の墓よりも、樹木の維持・管理に手間がかかります。その分の費用が見込まれていないとしたら、墓標代わりの樹木が枯れることもあるでしょうし、高温多湿の日本の気候では数年のうちに低木と雑草が生い茂る草藪になりかねません。

また、①②のタイプは焼骨を土に還しますが、③の墓園型では骨壺のままが多いので、通常の墓園と同じです。

ただし、③の類型のメリットは、年限を区切った使用や管理費が払い込まれない所有者の骨を容易に集合墓に移動できる点にあります。

反対に、①②の類型では個別にエリアを分譲すると再利用がしにくくなり、樹木葬の用地を拡張していく必要が出ます。都市型樹木葬では焼骨が入り交じる合葬型が合理的です。②の類型では、継承を前提としない樹木葬墓地なので、個別性が残されずとも構わない人が多いものと考えられます。

樹木葬のバリエーションを研究してきた槇村久子氏は①②の類型、および③の合葬墓を樹木葬の典型として、樹木葬とは現代的な共同墓ではないかとまとめます（槇村久子「樹木葬墓地の多様化とその意味と背景そして共同墓の進展」『研究紀要』二〇一七年）。

私もこの見解に賛成です。里山型の樹木葬は、弔い上げが済んだ死者の魂は祖霊となって里山（もしくはその奥山）から子孫を見守り、集合体としての祖霊や祖神が家や村で祀られるという柳田民俗学に対応していますし、都市型の樹木葬も個人ができない死後の祀りを共同で行うことにより可能にしている観があります。

そうやって個人性を離脱することが、子や関係者の記憶から消えた後の死者のあり方としてふさわしいのではないでしょうか。

千葉県真光寺の樹木葬墓地の運営

二〇一七年に私の指導学生であった鈴木理花子さんと私とで千葉の曹洞宗真光寺の調査をさせてもらいました。夏に一度、寺院と樹木葬墓地を視察させていただき、岡本和幸住職と墓園事業担当職員の方、樹木葬墓地見学会に参加した市民の方々から話を聞きました。そして、樹木葬墓地を契約し、真光寺の檀家となった方々に簡便な調査票調査を依頼し、三百五十人余りの方から回答をいただきました。正式な調査報告は、シンクタンクに就職した鈴木理花子さんがいずれ論文として公表してくれるでしょうから、私は簡単な印象のみを記載します。

真光寺は千葉県袖ケ浦市にあります。北海道から羽田空港に向かう便は、房総半島の東岸を南下し、半島を横切って東京湾アクアラインから羽田空港に着陸します。その際、房総半島の中央部の丘陵がゴルフ場の芝生や土砂採掘で赤茶色にえぐられた景色を目にします。真光寺は東京湾に流れ込む小櫃川の支流松川の上流の里山にあります。

岡本住職は一九九四年に入寺し、荒れた本堂や境内を整備し、大月川流域の自然環境保全や耕作放棄地での水稲栽培などを徐々に始めていきます。開山四百五十年事業として新伽藍の建設と同時に樹木葬墓地の造成、竹林への植林活動を二〇〇六年から開始し、樹木葬墓地契約者を増やしてきました。契約者は、「真光寺縁の会」会員となり、墓園への納骨、戒名授与、三十三回忌までの永代供養が受けられます。初期費用として、個人用樹木葬墓園が一人八十万円（二人目四十万円）と小さな区画四十万円のものがあり、合葬墓は五十万円です。その後の年会費は年間五千円です。

　ここでの樹木葬では区画は選べますが、三十三年の年限で使用可能な区画に利用者が自由に樹木を植えられるわけではなく、真光寺が里山として適切な樹種の選定・植樹を行います。

　墓園契約者は個人契約なので真光寺の檀家にはならず、納骨時まで信徒として寺院の寺報やイベントの案内を受けます。会員は千葉県内が半数を占めますが、関東圏に広く居住しており、月に二回、東京駅発と千葉駅発のバス見学会で訪れ、寺院や樹木葬墓地をじっくり見た上で決めているようです。

　大きな真新しい寺院と日当たりのよい樹木葬墓地を歩き、明朗会計の説明を墓園担当者から聞き、気さくな住職と会話するうちに、ここなら終《つい》の住処《すみか》としてよいのではないかと考える人も多いのでしょう。日本の海外支援ＮＰＯで有数の活動規模を誇るシャンティ国際ボランティア会の専務理事でもある岡本住職の話は魅力的です。

　契約者は必ずしも家族のいない人ではなく、家族用に大きな区画を契約する子どもがいる人もいます。いわゆる墓じまいで骨の移動をしようという人もいます。都内で公営墓地の抽選に応募したり、寺院墓地や納骨堂での契約を念頭に置いたりすれば、選択肢の一つとしてリーズナブルだという判断も成り立つのでしょう。ただし、車がないと行くのに厳しいところなので、好きなときに頻繁に墓参するのは高齢者にとって難しいかもしれません。

墓参りとウェルビーイングの相関

私は宗教とウェルビーイング（幸福）の研究を数年来しています。幸福感は感情的な面と認知的な面があります。感謝の気持ちを持てる人は幸福感が高いことが心理学の研究によって分かっています。なぜ、感謝の気持ちがその人を幸せにするのでしょうか。あるいは、幸せ感の高い人は感謝の念が強いのでしょうか。

松下幸之助をはじめ、経営者には感謝を説く人が多いですし、当然のことながら宗教では感謝することを説きます。

感謝という感情の表出や実感は、今の自分があるのは自分一人の力ではない、人のおかげだという認知に基づきます。人との縁やつながりに恵まれること、もしくは、そのことに気づくことは大事なことでしょう。

墓参した時に故人との思い出がよみがえり、親子であっても友人であっても、深いつながりを確認することでしょう。先祖代々という墓や仏壇にある多くの位牌に向かって拝む人は、自分の存在を家と結びつけて考えるかもしれません。自分のことが自分だけではないという認知は、つながりへの安堵と責任という両義的な感情を伴うかもしれません。

戦後の先祖祭祀研究は、先祖祭祀から故人に対する供養の儀礼に追善供養が変化してきたと捉えてきました。それが、他者からの供養を必要としない個人完結型の墓制となりつつあります。

里山型の樹木葬やエンディングセンターの桜葬メモリアルなどで、生前にイベントで交流し、ボランティアなどで契約者同士、契約者と寺院関係者がつながりを確認することは、その人のウェルビーイングに大きな意義があるものです。可能であれば、遺族や関係者に参拝しやすい環境を残すことで、もう一つできることがあるのではないでしょうか。

墓は迷惑なものでも気苦労をかけることでもないと、終活に駆り立てられる人たちに言えないものでしょうか。

第7章

葬送をめぐる過去からの再検証

1 縄文人にとって墓は弔いの場だったのか

人口減少地域の高齢多死社会化

二〇一八年の正月は喪中ということもあって年賀も飾りつけも行わず、静かに迎えました。私の父親は二〇一七年八月に亡くなったのですが、十軒あまりの実家の隣組で続けて不幸があり、二人の方が亡くなりました。どちらも連れ合いを亡くされた後、二十年近く一人暮らしをされ、父親の出棺の際、別れのために集まってくださった方です。

実家の向かい三軒は人が住んでいません。両隣と反対側は畑の区画なので、ずいぶんと寂しくなりました。高齢多死社会を象徴するような町内ですが、五十年前に宅地造成された市街地の変貌を物語っています。当時は、どの家も育ち盛りの子どもたちがおり、声を掛け合って集団登校で小学校に行ったのです。

山形県上山市の旧市街は櫛の歯が欠けたように廃業した商店や旅館が目立つ一方で、郊外には四十階建てのタワーマンションが一棟そびえ、都会の人たちが田舎暮らしを時たま楽しむために来たり、資産運用で購入したりした人もいるようです。侘びた市街地を取り囲むように、山形市に隣接するニュータウンや大型ショッピングモールのコストコが出店しているというちぐはぐな様相を呈していま す。かみのやま温泉駅には山形新幹線も停まり、人口減少地域といっても一様ではありません。

土地私有制そして墓の私有制問題

日本では既に私有地の二割、ほぼ九州と同じ面積が所有者不明の土地となっています。誰も利用していない山林や、相続登記を何代もやってこなかった宅地や農地で相続権利者が何十人にも増え、行政がチェックして納税の連絡をすることもできません。空き家問題も深刻化しています。売却のめどがつかなければ、解体費用をかけてなお高い更地の固定資産税を払おうという人はいないでしょう。

封建制の時代以来、日本において土地は所有され、明治以降も財産として売り買いされてきました。土地は値下がりしない資産、投機の対象でさえあった時代は終わり、高度経済成長期に造成され、買い求められてきた多くの土地の処分に困っている時代ではないでしょうか。しかも、これからの都市計画を考えれば、権利者が不明な土地や相続放棄希望の不動産は一定期間の公示を経て自治体のものとみなし、防災や福祉を考えた土地利用に供するべきではないでしょうか（吉原祥子『人口減少時代の土地問題』中央公論新社、二〇一七年）。

同様に、生きている間に住む土地だけではなく、死んでから入る土地、すなわち墓のあり方も公共的な視点から再考されるべきです。つまり、集落の共同墓地や公営墓地、寺院内の墓所も私的に所有（利用）・管理されることを前提としていますが、現代の家族形態にまったく適合していません。不動産のみならず、残念ながら墓も継承よりは一世代単位の利用を考える時代なのだと思います。

私の両親は本家の菩提寺が墓苑を拡張したときに予め墓所を購入して管理料も払っていたのですが、本家は絶家し、私も故郷に戻るつもりがない以上、ここに墓を建てることはないので手放しました。父の遺骨は上山市の日蓮宗妙正寺に一時的に預かってもらっていましたが、三回忌の法事を機に合葬墓に収め、位牌堂に厨子を置かせていただきました。檀家となったのです。少なくとも、母親は季節がよくなればいつでも墓参りができるし（実家から檀那寺まで歩いて十五分）、妹家族や私も盆正月にお参りできます。

合葬墓であれば墓じまいの必要性はありません。もちろん、納骨は骨壺から骨をそのまま大きなカロートに入れますので、この寺に縁あった多くの遺骨と混じりながら土に還ることになります。これでよしとするかどうかは個々の考えでしょう。厨子の管理や檀家として護持会費をいつまで納められるかは、これから十数年かけて寺との付き合いの中で可能な形を見つけることができればよいのではないかと考えています。

人口減少時代に見合った死後の祀りや供養のあり方、墓をどうしていけばよいのでしょうか。現代の状況だけで考察するのは近視眼的になりますので、最後の章において可能な限り時代を遡り、できるだけ広い視点から考えてみることにいたします。

人の墓の意味は見方でまったく異なる

墓の研究というと一般の方はよほどの物好きと思われるかもしれませんが、研究者は比較的多く、研究蓄積も厚いのです。ピラミッドも墓、古墳も墓ですが、大王の墓だけが対象ではありません。学者のロマンを誘うというよりは、墓だけに「かたい」研究領域なのです。

冗談はさておき、墓は遺構として考古学の対象となり、歴史学は墓所や葬儀を文献で確認することができ、民俗学や文化人類学では墓の形態や類型から文化の形を発見し、社会学・宗教学においては家族や死生観の変化を想像することができます。

墓は資料の宝庫なのですが、必ずしも学際的研究がうまく進んでいるわけではありません。遺物の年代測定と編年史に優れる考古学は自然科学に近く、実証不能な事柄には沈黙を守りたがります。

それに対して、文化人類学や宗教学ではモノよりも世界観や精神史に関心があるので文化学的な想像をたくましくしがちです。歴史学と民俗学はその中間で歴史的・地域的偏差に着目しながら変化の意味を考えます。葬制・墓制の研究がそれです。

私自身は宗教社会学という現代研究ですので、葬儀や墓については現物を見て、儀礼の意味や意義については当事者から話を聞いて確認することができます。しかし、歴史研究ではそうはいきません。遺物の意味は推測によらざるを得ず、宗教史のように祖師や関係者の文書が残されていたにしても、それは宗教的意義を記したものであって、当時の人々の世界観や価値観を必ずしも反映しているとは限らないのです。墓を通して死生観を探るという企てにはロマンがありますが、実はかなり難しい作業です。

歴史学・民俗学では、およそ墓を死者と関連する施設・場と広く捉え、葬所・墓所・祭所と機能に応じて分類します。葬儀を行い、遺体を埋葬する葬所と、遺骨を特定の形式で収納し祀る墓所を分ければ両墓制となりますし、霊の依代としての位牌を祀る寺院の位牌壇や仏壇、家や同族・氏族の祖先霊が神格を帯びて屋敷神や神祇信仰の対象となっていればそこは祭所の性格を帯びるでしょう（西海賢二他『墓制・墓標研究の再構築』岩田書院、二〇一〇年）。ただし、この発想は歴史的に削減可能な墓の話です。

この節では墓制史以前の縄文時代の墓と死生観について先行研究を見ていきます。

縄文時代のモニュメントとは何か

縄文時代は約一万五千年前から二千三百年前にかけての新石器時代に相当すると考えられています。初期はまだ寒冷な時代で、日本列島は大陸ともつながり、縄文人は針葉樹帯に生息する大型・中型の哺乳動物を狩猟しながら竪穴式住居で生活していました。中期に温暖化すると海水面上昇によって現在の日本列島が形成され、落葉樹林帯が本州に発達し、小動物、鳥、魚、堅果類、豆などの栽培植物が食べられ、集落での共同生活が見られます。

青森市の三内丸山遺跡は縄文中期の遺構であり、大型竪穴式住居や掘立柱建築、大人や子どもの墓が発見されています。國學院大學名誉教授で考古学者の小林達雄によれば、人々の居住空間としてのムラ、採集空間としてのハラ、栽培空間としてのノラのような世界があったとされます。そして煮炊き用の縄文土器と炉、炉を構える住居、住居群としての集落が発達します。

素焼きの縄文土器の特徴は、深鉢に縄目を押しつけた文様が施され、上部の炎のような装飾部分は容器としての実用性を失わせるほどの華やかさです。土器の中には遺骨を埋葬する埋甕もあります。食糧を保存し、煮炊きをし、埋葬にも使う土器は生命の源、女性性とも結びつけて考えられますが、この点は少し後で説明します。

もう一つ、小林が指摘する縄文人の哲学としてあげられるものはモニュメント作りです。

三内丸山遺跡の六本柱を立てた塔は夏至・冬至の日の入りに方角が合わせられています。その他、環状列石や巨大な土手作りなど機能的な用途の想像がつかない建設物もあります。造営工事には数百年を要した可能性があり、何のために営々と作り続けたのかという答えに、小林は「未完成」にこそ意味があったのではないかと推測します。つまり、一緒に作るという協働作業それ自体が目的とされたというわけです。

縄文土器同様、直接的な実用性以上の機能、すなわち象徴性や共同性それ自体に意義を見いだしていたというのは驚きです（小林達雄『縄文の思考』筑摩書房、二〇〇八年）。

では、縄文人はどのような死生観を持っていたのでしょうか。

縄文人は何のために埋葬したのか

初期には多くの遺構から伸葬や屈葬の遺骨が発見されていますが、埋葬地そのものと考えられていました。その後、土器の内部に納められた頭骨などが発見され、再葬の儀礼があったと推測されました。晩期には個別埋葬以外に共同埋葬とでも言うべき一カ所に数十体の人骨が納められたり、中央を囲んで環状に埋葬された場所が確認されたりしています。ムラや親族集団の形成が見られると言ってよいでしょう。

考古学の調査ではこれ以上の推測はしません。埋葬を必要とした心性や埋葬法から共同祭祀的な萌芽を推測もしていますが、何のために埋葬したのかは定かではないのです。人は動物ではないのだから懇ろな埋葬をするのが当然ではないかと考えると、古代から平安時代まで庶民の遺体は河原や町の外にうち捨てられ、風葬同然であった事実と合致しません。

なぜ、縄文人は遺体を穴に埋めたのか、また土器に入れたのでしょうか。

この問いに大胆な答えを提示しているのが大島直行です。大島は炉を持つ住居の構造や縄文土器に、子宮としての象徴的な意味を見いだします。墓は子宮であり、穴や壺に入れたのは、再生のためというのです。人が母胎から生まれるように、再び生まれることを願ったのではないかと。縄文人は中近世や現代人のように死を忌み嫌うこともなく、死霊や祖霊という観念も持っていなかったので、墓は弔いの場所ではないと結論づけています（大島直行『月と蛇と縄文人』寿郎社、二〇一四年。大島直行『縄文人はなぜ死者を穴に埋めたのか』国書刊行会、二〇一七年）。

考古学者である大島は自然科学的な考古学の限界を宗教学や神話学、進化生物学などで突破することを試み、墓と子宮、死と再生のシンボリズムが世界各地の文化表象となっていることをあげます。死に対する汚穢や禁忌の発想、この世と異なるあの世の世界観は古事記などに表れてきますが、古代の話です。それ以前に仏教的な世界観や死生観はありえません。そうすると、葬送儀礼や墓制が前提としてきた慰霊行為という想定は縄文人には通用しないのではないかというのです。死んだ後、人は再生する。素朴ですが、人間の生物的本質や四季を有する日本の自然に適応した観念ではないでしょうか。

縄文人の死生観を自然科学的に実証することは不可能です。しかし、想像することは許されるでしょうし、文化研究としては重要なことです。現代人の死生観を相対化するために参照しても面白いのではないでしょうか。

2 古代から現代にも続く黄泉の国への葬礼

埋葬から風葬の時代へ…

縄文時代から人は埋葬されていました。それは故人の魂の行方に思いをはせたというよりも、穴や甕《かめ》に死体を入れることで再生を願ったのではないかといわれます。生命は女性から生み出されますが、穴や甕が子宮を象徴していたと解釈されました。この時代に、霊魂観や他界観があったかどうかは分かりません。

私が不思議に思うのが、縄文時代と弥生時代以降との埋葬法の落差です。古代から中世にかけて民衆は穴に埋められることなく山中や河川、あるいは市中にそのまま放置される風葬（遺棄葬）が主流だったとされます。風葬というと、樹上に遺体を乗せて置くシベリア大陸の風葬や洞窟に置いて骨化させるインドネシアの風葬を連想しますが、日本でも一時代を画した葬法でした。

市中で埋葬が許されなかった平安時代では洛外の遺棄葬地として鳥辺野《とりべの》、化野《あだしの》、蓮台野《れんだいの》がありましたし、屋敷外や鴨川に放置された遺体の一部を犬がくわえて貴族の館に入り込み、七日間公的行事に差し支えが出た「五体不具穢《ごたいふぐえ》」も知られています。史料がない古代では、古墳と呼ばれる墳丘に埋葬された大王や貴族の墓、遺構を確認するだけなのですが、庶民の埋葬墓なるものは少なかったようです。

縄文時代に懇ろに埋められていた遺体が、弥生時代になってなぜ地上に放置されるようになったのでしょうか。墓制史では変化を記述しても、その理由については推測によるしかありません。生活圏を含む生態系の変化か、社会構造の変化か、あるいは死生観を含むコスモロジーの変化があったのかどうかということをこの節で考えてみます。

墓葬法から分かる古代の超格差社会

西暦前十世紀から西暦後三世紀くらいまでを弥生時代と言います。縄文時代は狩猟採集と雑穀の栽培が生業なので、集落の長や部族の長がいたとしても地域をまたぐクニは存在していませんでした。しかし、水稲耕作が大陸からもたらされ農業が盛んになると、余剰生産を蓄積する原初的な階層社会が集落レベルで発生し、人々は集落や部族単位の争いによって集団を拡大してクニを生み出すようになります。魏志倭人伝が伝える倭国の争乱や邪馬台国などが畿内や九州にあったとされるのが弥生時代の後期です。

この時代の権力者は周溝墓《しゅうこうぼ》や墳丘墓《ふんきゅうぼ》、甕棺墓《かめかんぼ》を作りました。墓の周りに堀をめぐらすか、小丘を築いて墓とするか、人を入れる大型土器棺を作るか、いずれにしても多くの労力を要します。しかも、遺体のみならず、土器や青銅器、鉄剣や玉などの副葬品も墓におさめられたのですから、富と権力の集中は甚だしいものがあったのです。

いわゆる大王がいた時代と大和王権の成立時期が古代とされますが、五世紀の築造とされる仁徳陵古墳になると、古墳の最大長が八百四十メートル、最大幅が六百五十四メートル、堀に囲まれた前方後円墳の長さが四百八十六メートル、高さが三十五メートルもあります。

大林組が一九八五年に試算したところによれば、完成までに一日最大二千人、延べ六百八十万人を動員し、十五年八カ月もの歳月がかかったのではないかということです（「現代技術と古代技術の比較による「仁徳天皇陵の建設」復元／大林組プロジェクトチーム」季刊大林20号『王陵』）。

この築造には奴婢《ぬひ》だけで足りたとは考えられないので良民（一般人民のこと）の使役も相当にあったのでしょう。

エジプトのピラミッドにしても始皇帝の兵馬俑《へいばよう》坑にしても死者の陵墓としては巨大なものです。現時点では、エジプト、中国共に古代王権と現政権とは何のつながりもないので、どちらも歴史的資産として公開され、観光地にもなっているわけです。

それに対して、仁徳天皇陵は高いところに上がって眺めるしかありません。天皇の陵墓と推定される古墳は宮内庁所轄であり、北は山形県から南は鹿児島県まで一都二府三十県にわたり、陵百八十八、墓五百五十五のほか、分骨所・火葬塚・灰塚など陵に準ずるもの四十二、髪歯爪塔など六十八、陵墓参考地四十六もあるのだそうです。

天皇の陵墓は初代の神武天皇の畝傍山《うねびやま》東北陵から百二十四代の昭和天皇の武蔵野陵まで宮内庁のホームページに掲載されています。これらの陵墓は参拝の場所であり、考古学的な調査対象地でもなければ観光地でもありません。

ところで、古代の日本において古墳と称されるものは、日本全国に天皇陵のみならず、大小約十六万もあるとされます。六四六（大化二）年に「薄葬の詔」が出されたほど、権力を持つ者たちが自らの権威を示すべく大げさな埋葬をしていたわけです。当然のことながら、権力者の墓作りに精を出した良民は、遺体を穴に埋めて土をかけられる土坑墓がいいところでした。そして、賎民として売り買いの対象になるような奴婢（子孫も奴婢）は、山谷に遺棄されたままでした。

日本が律令制を導入した時点では、人々は支配層と自由民層、そして奴隷に分かれていました。先に述べた魏志倭人伝には卑弥呼の墓に奴婢百名を殉葬したとか、生口《せいこう》と呼ばれる奴隷を魏に朝貢したという記述もあります。およそ、人がみな同じとは認識されない社会が近代化まで続いてきたわけです。今風に言えば、「超格差社会」があったわけです。

では、王たちや遺棄されたままの民草たちが考えた死とは何だったのでしょうか。古事記に記された神々の話から考えてみましょう。この神々は古代の日本を作り上げてきた王や人々の世界観をそれなりに伝えています。

「死」を確認するための葬礼の出現

古事記は七一二（和銅五）年に太安万侶《おおのやすまろ》が編纂し、元明天皇に献上されました。神話と伝承によって神々の代から推古天皇の時代までを記し、大和王権を正当化したものです。

古事記の上巻では、天地開闢の後、伊邪那岐（イザナギ）、伊邪那美（イザナミ）が生まれ、二神は高天原《たかまがはら》から葦原中津国《あしはらのなかつくに》に降りて結ばれ、大八洲国《おおやしまくに》や多くの神々を生みます。イザナミは最後に火之迦具土神（ヒノカグツチノカミ）を産んだために火傷で死に、出雲と伯耆《ほうき》の堺の比婆山《ひばやま》（現島根県安来市）に葬られたとされます。イザナギはイザナミを連れ戻そうと黄泉平良坂《よもつひらさか》から黄泉の国を訪れるのですが、そこで変わり果てたイザナミを見て逃げ帰り、千引《ちびき》の岩で黄泉の国への入り口を塞いでしまうのです。

黄泉（よみ）は闇（やみ）の音から派生したように明かりのないことを意味し、イザナギはイザナミに見るなと言われたにもかかわらず、火をともして見たのです。イザナミの体は蛆《うじ》がたかってごろごろうごめいて、体の各処に雷《いかづち》がいたとされます。驚愕したイザナギに対してイザナミは怒り、逃げるイザナギを黄泉醜女《よもつしこめ》に追わせます。イザナギが岩で塞いだ後にイザナミが「汝の人草、一日に千頭縊り殺そう」と言えば、イザナギは「千五百の産屋をたてる」と言ったのです。

古典学者の西郷信綱は黄泉の国の出来事について次のような解釈をなします。

ここで注目すべきは「葬る（ほうる）」という言葉であり、これは「放る」から来ています。蛆がたかる無惨な亡骸は腐乱した死体そのものです。

日本書紀の神代記では、イザナミがその妻を見ようとして殯《もがり》の処に来たと記載されています。

殯とは、死者を喪屋においてとむらうことで、天皇や貴人の身体は殯宮《もがりのみや》に安置されます。そのうえで、古代人が魂というものを認識していたかどうかは別として、身体が死を境に黄泉の国のような他界へ行くには、肉体が骨になるという過程がつきものであり、そのことをリアルにとらえていたのではないかというのです。死んだと思っても息を吹き返すという例があるので、実際に身体が腐っていくかどうか確認することが大事だと古代人も経験則によって認識はしていたのでしょう。死を一瞬の出来事として捉えていたのではないかもしれません。遺体を殯宮に安置した後、何度も身体の変化を確認しながら故人との別れを惜しんだのでしょう（西郷信綱『古代人と死』平凡社、二〇〇八年）。

死を確認するために、肉体の腐敗や骨化という変化を実際に見ていたのです。そのために、死の受容という意味で、死を捉える時間について幅があったことが分かります。

それが殯という形での葬礼となりました。現代では天皇家以外、棺を殯宮に移して数十日後に本葬とするような葬礼はありませんが、通夜という形で死を一瞬ではなく、一日、二日の長さで確認することになっています。

古事記にある死から再生への思い

現代人は、死を一瞬の出来事として認識しがちです。実際、医学において死は、呼吸停止、心停止、瞳孔散大で確認され、医者はこの方は何時何分にお亡くなりになりましたと関係者に伝えます。臓器提供の意思を示していた人や子どもの場合は、心臓死まで待つことなく、脳死段階でも死であるとみなされます。

先の章において、臓器移植のために医療と法律が定めた死と、私たちの経験的な死の受容過程に乖離があることについて指摘しました。とはいえ、臓器移植とは、縄文人が死体を甕や土坑に入れて人間の再生を企図した現代版とでもいうべき、科学的試みとも考えられます。その意味でまったく私たちの感性からかけ離れた企てではないのです。

古事記に戻りましょう。古事記によれば、黄泉の国でイザナミは黄泉津《よもつ》大神《おおかみ》になったとされますが、その後、黄泉の国をどう統治したとか、そのような記載はありません。古代人の関心外だったのでしょう。それより、イザナギです。

イザナギは黄泉の国の穢れを落とすため、禊《みそぎ》を行い、左目を洗ったときに天照大御神（アマテラスオオミカミ）、右目を洗ったときに月読命（ツクヨミノミコト）、鼻を洗ったときに須佐之男命（スサノオノミコト）が生まれたとされます。黄泉の国から戻れば、人は別の人格として生まれ変わると古代人が考えていたのかどうか。古事記の関心はもっぱら生きている神々に向いています。

日本人が死後の世界に異常な関心を示すようになるのは、平安時代の十王信仰や浄土思想以後のことではないかと考えられます。人は死後、十王によって審理され、地獄で責め苦に遭うので、滅罪を祈願するべく仏事の法要をなすようになったのです。人々が死後の世界に関心を移し、年忌が長期化することで、人がほどなく再生するという思いは薄れていったのかもしれません。

3 中世の人々は死者をなぜ遺棄できたのか

増える死者を意識する論考

ここ数年、死や死者との関わり方について考察する論考が増えてきております。おおよそ、三つの方向があります。最近、私が読んだ本を紹介します。

①高齢多死社会を反映した、「平穏死」へのニーズと、緩和ケアや在宅ケアからの応答です。老いや病と共に生きる覚悟さえあれば、毎年の健康診断で強迫神経症的な不安に苛まれたり、死ぬまで闘病したりする必要はない、という啓蒙書があります（渡辺利夫『死生観の時代』海竜社、二〇一八年）。高齢期における必然的な病（癌や各種成人病など）は根治できないことを医療データから読み解き、老病の受け入れと死への準備をするほうが心穏やかになれることを説得的に説明しています。

②二〇一一年の東日本大震災以降に注目された東北の幽霊奇譚や、死者の声を聞く宗教民俗へ着目

する書籍も数多く出されてきました。阪神淡路大震災では聞かれなかった幽霊との遭遇という話が東北で多いのです。一万八千人に及ぶ死者のうち、行方不明者は二千五百人を超え、肉親を何年も探し求めている人が少なくありません。遺体の確認、埋葬、追悼ができない人たちの心痛は察するにあまりあります。死者の声を聞き続ける人たちにどう向き合うのか、苦悩する宗教者やボランティア、地域の人がいます（鈴木岩弓・磯前順一・佐藤弘夫編『〈死者／生者〉論』ぺりかん社、二〇一八年）。

③お一人様が増える近年、終活として簡略化した葬儀や永代供養や墓を求める人が増えてきました。死後に年忌法要や追悼されることをあてにしない、できない時代の到来です。そうすると人々の記憶の中に残り続けるという死のあり方が失われてしまいます。怪奇譚や霊能にこだわる人々、霊魂の実在を信じる宗教者やシャーマンから日本人の死生観のゆくえを問おうとする論考（鵜飼秀徳『「霊魂」を探して』角川書店、二〇一八年）や、諸宗教における来世をわかりやすく説明する書籍（中村圭志『人は「死後の世界」をどう考えてきたか』角川書店、二〇一八年）によれば、歴史上、死は消滅ではないと考えられてきました。

いずれの書籍も、死を意識することや死者の声に耳を澄ます（幽霊との遭遇、お迎え現象、無辜の死の意味を考える）ことで、自分たちの生き方や現代社会のあり方を反省するという共通した特徴が見られます。技術的理性や世俗主義によって隠蔽された死が、高齢多死社会や未曾有の災害によって社会の各処に露見してきました。中高年者が人口の三分の二を占める日本において、多数の人々が死を意識せざるを得ない時代なのです。

しかし、かくいう私に死の覚悟はあるかと問われれば、ありません。中年のおじさんでも死は遠い存在なのです。ただし、父親が死の床についた時には、自分もこのように死ぬのだなと自覚させられました。同時に、人は死んだら終わりではなく、遺族と葬儀や年忌法要を通じて語り合うことも可能になるような気もしています。親の記憶が自分の現在に入り込んでくる感覚です。

古代と中世で死生観が断絶したわけ

葬送・追悼の儀礼は死者と生者のコミュニケーションを可能にし、有限な人の一生を人々の記憶の中につなぎとめることで、人は肉体的死を超えて存在することを可能にします。権力者は長期間にわたる壮麗な葬送儀礼や墳墓・古墳で存在を誇示するでしょうし、庶民であっても「霊魂」という宗教的な意識のなかに残ることもできます。

私は縄文・弥生時代を通じて日本には死者の葬り方があり、墓として考古学的にもそれらが確認されることを見てきました。他方で、遺体が腐敗し骨化していくさまをリアルにとらえる感覚や記述が古事記他の文献に残されていることから殯《もがり》や風葬の存在を指摘し、中世に入ると遺棄という葬儀の形態、もしくは葬儀の不在が現れてきたことまで述べました。

ここで一つの疑問が出てきます。なぜ、中世の京市中において死体もしくは死にかけた人が放置され、洛外の山縁に死体が遺棄され、埋葬も火葬もされないままになっていたのかということです。葬送をやらないのだから追悼もないでしょう。庶民であっても埋葬した古代の死生観と、中世における独特な葬法を通した死生観の断絶を見てしまうのです。

中世史を専門とする研究者は、中世の人々の文化や社会制度を、海外ではないが、近世や現代とはまったく異なる異文化圏として見なければいけないと言います。しかし、古代の埋葬が集落単位でなされ、近現代の寺院仏教に根ざした葬送儀礼が村落や親族で懇ろになされているところからすると、中世初期の死体の遺棄は文化的な退廃とも見えなくはないのです。また、日本古来のカミ観念とか先祖祭祀などにも歴史的に見れば一貫性がないことになります。

この問題に明快な視点を提供してくれるのが、井原今朝男氏の中世仏教論です。井原氏によれば、先祖祭祀の礼法は中国の儒教が基本的骨幹をなし、子や臣下の服喪儀礼なども『礼記』によるとされます。

ところが、大和の王権や貴族層に文明として移入された中国仏教には儒仏道三教が混在した要素以外にも、ヒンドゥー教の触穢思想がかなり流れ込んでおり、道教的な物忌みや精進法が中世貴族たちの精神世界を覆ったとされます。

平安時代の顕密仏教体制において寺院や僧侶の役割はもっぱら穢れを除去し、吉兆招福を祈念することにあり、呪法としての密教でした。そして、触穢には死穢・血穢・産穢があり、人間の根本的な営み自体を穢れとして忌む世界観が『延喜式』として制度化され、『往生要集』に著された厭離穢土の感覚になっていたというのです（井原今朝男『史実 中世仏教』興山舎、第一巻二〇一一年、第二巻二〇一三年）。

井原氏は古代から中世の諸文献に通暁し、触穢の思考、禁忌、法令、儀礼を貴族や天皇の葬礼などからも明らかにしています。触穢の問題は、一つに血穢・産穢から女性差別の淵源として言及されてきましたし（日本仏教における血盆経の受容など）、もう一つは部落差別の起源として大いに論じられてきました。

インドのカースト制でいえば、穢れたものを扱う職種の集団であるアウトカーストに相当する最下層民がいたのは、日本の中世の身分制に触穢思想があったからではないかという議論です。これは葬制・墓制を社会史として簡単にふり返るという本論の域を超えるために問題点の指摘に留めます。

病人や死体の遺棄は触穢思想から

平安時代の初期、貴族層は触穢と物忌みにとらわれ、屋敷内に犬が遺骸の一部や骨をくわえて入り込んだり（五体不具穢）、市中を移動する際に遺棄された死体を見たりすることを怖れました。

その場合は精進法によって穢れを落とすまで宮中に出仕しないことが多々あったと貴族の日記に記

載されています。貴族たちは屋敷で働かせていた下男・下女が病気になると屋敷外へ放置したと言われます。

　庶民もまた家人が亡くなる前に路上に置き、病者は自ら河原に行きました。貧者、病人、行き倒れなどの死体が累々と河原や市中の空き地、空き屋敷もしくは路上に放置され、犬が遺体を食いちぎって駆け回る光景が都の中にあったのです。

　なぜ、葬儀をしないかということですが、遺体を郊外へ運ぶ資力も労力もなければ捨てるしかないという理由に加えて、触穢の観念が行き渡っていたために、家人に死なれた者は数日間働きに出られなくなるからです。

　これでは一日一日の食いぶちで生活する庶民は困窮するため、生きているうちに外へ出すことで、触穢もなく葬儀の費用も負担しないという合理的選択をしたと井原氏は述べます。これを速掛《はやがけ》と言います。しかも、当時は死の判断も曖昧であり、息を吹き返す者も少なくなかったので放置して様子を見たのではないかというのです。

　奈良時代から平安時代にかけて人々の平均寿命は、二十歳から三十歳の間でした。幼児死亡率が高いために平均寿命が下がるのですが、成人した者は病気にならない限り四十歳くらいまでは生きることができたでしょう。庶民層は、ひえやあわの雑穀主体で、タンパク類を取らない食生活、便所もなく沐浴・入浴の習慣もない非衛生的状態でした。良薬はひじりの祈禱がせいぜいです。病で寝込んだら遅かれ早かれ死ぬのは分かっていたので、遺棄も仕方がなかったのかもしれません。平安の後期、鎌倉・室町時代には戦乱が加わりますので、人々の寿命はさらに短くなります。

五体不具穢が次第に終息した理由

瀕死の状態で野犬にかじられたり、肉親を河原や野原にそのまま置きっぱなしにしたりしなければならなかったというのは、現代的感覚では哀れを通り越して悲惨です。このような時代、庶民層に死生観というものはあったのでしょうか。親子の情愛はどうだったのでしょうか。葬送による追慕の余裕もなく、自らが生きることだけで精一杯だったかもしれません。『大和物語』や『今昔物語集』に伝わる姥捨山伝承では人々の嘆きがうかがえます。

このような中世期における死生観や葬送について、勝田至という中世史の研究者が『死者たちの中世』（吉川弘文館、二〇〇三年）という独創的な本を書いています。貴族の日記や書簡として残存している文書から五体不具穢の記載事例を年代別、京市中の区域ごとに区分し、これでもかと死体の放置具合と処理法について数多くの事例を解説した本です。一一〇〇年から百年間は五体不具穢の事例が増えていくものの、その後減少に転じ、左京北半分から鳥辺野に近い左京南半分に事例が拡大し、後に終息していることが分かります。

平安後期は共同墓地に遺体を運ぶ河原者や非人が業務独占を図って輿や葬具の貸付を行っていたよ

うです。そして、庶民の遺体も次第に移送・埋葬されるか火葬され、墓所に納骨されるようになっていきます。そこには非人以外に葬送に従事する籠僧《こもりそう》や葬礼の輩《やから》と呼ばれた下層僧侶の役割が重要になっていきます。

京の遺棄葬は触穢思想もあるでしょうが、貴族や寺社の高僧が葬儀を行う一方、庶民には葬送を行う余力がありませんでした。古代の奴卑や中世の下人という強い身分制が崩れることで、庶民階層にも葬送の担い手としての村落共同体や家族を形成する資力・労力が生まれたのでしょう。

4 激動の中世に仏教が社会化し得た理由

日本を襲う激しい気候変動

桜の下で入学式を迎えるのが本州ではなじみの光景です。ところが、北に位置する札幌では例年GW頃に桜が開花します。最近は三、四月が暖かく開花が一、二週間早まっています。いわゆる温暖化は北海道でも感じられ、夏日が増えている実感があります。このまま地球温暖化が進むと二一〇〇年頃には本州の主要都市で数カ月が真夏日となり、日本は全域が亜熱帯となって動植物の生態系は大きく変わり、海水面上昇とスーパー台風によって列島の沿岸部では大規模な高潮や洪水、地滑りなどの災害が起こると予測されています（「気候変動に関する政府間パネル第五次評価報告書」二〇一三―一四年）。

ところで、地球は数度の範囲ですが、この数千年間、寒冷期と温暖期を四、五百年の長さで繰り返してきたといわれており、気候変動は文明の興亡や社会の変化に大きな影響を及ぼしていたと考えられています。中世の日本は温暖期に属していたといわれてきたのですが、実はかなり気候の変化が激しく、五月に京都で桜が咲いたという記録も残されています。異常気象は稲作に大きな被害をもたらします。

北限の水稲日本列島ゆえの封建制

五穀豊穣を感謝する新嘗祭や天皇家の代替わり儀礼である大嘗祭が基本的に稲作儀礼であるように、大和王権は、長江もしくは南方から縄文時代後期に日本に移入された稲作を国家の柱として「豊葦原《とよあしはら》の瑞穂《みずほ》の国」と称しました。

大王は治水を伴う水田作りに大規模な労働力を動員し、口分田《くぶんでん》を民に与え、収穫物を納めさせる班田制を確立しました。後に貴族の荘園や寺社の領地が発達し、天皇による直轄統治から封建制へと移行しましたが、米を徴税の単位とする制度は明治まで続くことになります。

水稲耕作は水利施設と集約的労働が可能であれば、単位面積あたりの収穫量が蒔いた籾米の数十倍となり、小麦と比較してみても五、六倍の収量になります。一粒の籾が万倍にも実る稲穂になるという意味で「一粒万倍」という言葉があり、実りの秋に用いられる徳風棗《とくふうなつめ》の蓋の甲に書かれたり、暦で開運の日ともされています。

しかも、アジアモンスーン型気候のもとでは、河川の氾濫域を水田にできるメリットもあり、東アジアの主要農作物になってきたのです。しかしながら、治水は人力で可能であっても、天候だけはどうにもなりません。特に、南方から来た稲作の北限に位置していた日本では、天候不順や気候変動が命取りでした。

気候変動の歴史は近年、さまざまな方法で歴史的に遡れます。地震や津波が地層から分かるように、木の年輪幅から温暖期と寒冷期の差異が分かるようです。

また、朝廷や貴族の観桜の記録、湖水の結氷の記録もあります。そして、何よりも日本では貴族や僧侶、文章を書く人の日記や各種記録からかなり遡源可能です。雹・霜・大雨、炎暑・旱魃、雨乞・祈雨、大風・大水、疫病、凶作・飢饉、病死・餓死という文言が各所に出てきます（田上善夫「小氷期中期の日本列島の気候変動」富山大学人間発達科学部紀要第十巻第一号、二〇一五年）。

十二世紀日本の飢饉と戦乱の中で

このような記録から中世には気候変動がかなり見られ、凶作・飢饉が繰り返し生じ、民は食べるために荘園や領地から抜け出して山野に入り、地領の賃借・売買の訴訟ごとや、果ては家族や自身の身売りが頻発したことが分かります。朝廷が法令を出して混乱を鎮めようとしますが、力を手に入れた武士や生きるために精一杯の庶民の耳に届くことなく、自力救済の乱世になっていったのです。とりわけ十二世紀に飢饉が多かったようで、これは平安時代から鎌倉時代に変わる時に重なります。

東アジアにおいてもチンギス・ハンがユーラシア大陸にモンゴル帝国を築き、金に続いて南宋が倒され元朝となった時代でした（田上善夫「小氷期初期の東アジアの気候変動」富山大学人間発達科学部紀要第九巻第二号、二〇一五年）。

十二世紀において天永の飢饉（一一一〇年）、元永の飢饉（一一一八―九年）、大治の飢饉（一一二七―八年）、長承・保延の飢饉（一一三三―五年）、久安・仁平・久寿の飢饉（一一五〇―六年）、応保の飢饉（一一六一年）、承安・安元の飢饉（一一七四―五年）、養和の飢饉（一一八一―二年）が知られています。これらの飢饉がすべて寒冷化の影響だけを原因にして生じたわけではありませんが、水田面積が拡大すればするほど条件不利地での耕作も増えていくので、余計に自然の驚異に脆弱になっていった可能性はあります。

京都では餓死者や栄養失調のために疾病に倒れるものが続出し、強盗や殺人も横行します。崇徳天皇が求めた飢餓対策に藤原敦光が、病の奴卑を戸外に遺棄することの禁止、神事・仏事による祈願の不足、国司による徴税の減免、節約等を上申しています（磯貝富士男「長承・保延の飢饉と藤原敦光勘申について」大東文化大学紀要四六号、二〇〇八年）。先に言及した勝田至氏による五体不具穢を記載した日記等の経年変化グラフを見ると、十二世紀とりわけ一一八〇―一二二〇年の間が顕著に増えています（勝田至『死者たちの中世』吉川弘文館、二〇〇三年）。

十二世紀後半には、崇徳上皇と後白河天皇が争った保元の乱、後白河上皇の政策をめぐって貴族同士の争いに平氏と源氏が加わった平治の乱を経て、平氏と源氏が天下を争う治承・寿永の乱に至り、勝者の源頼朝が鎌倉幕府を開き、天皇と貴族の政治から武士の政治に時代は変わっていきます。飢餓にくわえて争乱が頻発した時代に、庶民はどのように生きていたのでしょうか。

庶民の生きざま

芥川龍之介の『羅生門』では、女の死骸から髪を抜き取って鬘《かずら》をつくる老婆と、生きるために老婆から服を剥ぎ取る下人が登場します。下人は暇を出され、盗賊になろうか迷って羅生門の二階にあがったところ、うち捨てられた遺骸の中に老婆を見たのでした。黒澤明の映画『羅生門』（原作・芥川龍之介『藪の中』）の筋書きはより複雑です。侍夫婦と盗賊、杣《そま》売りがそれぞれ生きるために嘘の語りをしますが、侍の夫は盗賊に殺されます。

　あるいは、新藤兼人の『鬼婆』という映画では、戦乱で夫を失った農民の嫁と姑が落武者を殺して武具を奪って商人に売り、たつきをたてています。しかし、嫁が戦から帰ってきた近所の男と情を通じてしまいます。嫁を戒めるため、姑が殺害した落武者の鬼面をかぶって嫁を脅すという話です。この映画の舞台設定は南北朝時代ですが、農民の住処は一間に炉を切った茅葺き小屋でした。印旛沼でロケしたという葦原と太鼓の音響効果が何とも言いがたい印象を残しますが、庶民の逞しさも感じます。

　さて、寺院の話に戻ります。

封建社会を生き抜いた寺院と僧侶

中世の仏教寺院には世俗社会同様の身分制度がありました。井原今朝男氏によると、日光山輪王寺は東寺の末寺であり、東寺僧の座主は不在で実際の管理は別当以下の役職僧が務め、堂ごとに堂衆や結衆がいて仏事を執り行いました。彼らには寺領の田が割り当てられ、年貢を寺に納めました。ここまでが常住と呼ばれる清僧です。その下に下山の輩と呼ばれる僧体・妻帯の先達や山伏と、俗体・妻帯の衆徒・行人・承士がいて、堂衆の代わりに諸国を回って布教したり、信者を連れてきて宿泊させたりという仕事をしていました（井原今朝男『史実 中世仏教』第一巻、興山舎、二〇一一年）。

京都や奈良の顕密寺院では、天皇や貴族の子弟が門跡となる寺院を頂点に官僧としての学僧が清僧となりました。さらに、一山には僧兵となる腕に覚えのある山徒や衆徒、寺領内で名主や紺屋などさまざまな生業を行う堂衆がいたとされます。地域の禅寺や阿弥陀寺でも僧侶と尼僧が共に起居していたというか、夫婦であり、子をもうけておりました。修行に専念した生涯不犯の僧侶は明恵（一一七三―一二三二）が最初とされます（井原、前掲第三巻、二〇一七年）。

僧侶の女犯や男色が戒律との観点から話題になったりしますが（松尾剛次『破戒と男色の仏教史』平凡社新書、二〇〇八年）、中世の寺社が封建社会の一部分をなし、領主相当の貴種と官吏相当の清僧階級、寺領の運営や本末関係のネットワークを使って所領や勢力拡大をなす堂衆および衆徒たちの自分稼ぎの社会だったと考えれば、僧侶の妻帯も合点がいくものかもしれません。

上座仏教圏では、僧侶は在家の布施だけで持戒の生活を送ってきましたが、東南アジアを見る限り僧も民も飢餓に苦しめられた記録はほとんどありません。稲作地帯のわりに人口が少なく、亜熱帯のために食資源にも恵まれたエリアでは、僧侶集団であるサンガに食施をし続ける豊かな農村生活があったようです。

それに対して、中世から近世まで飢饉の記録に関しては枚挙に暇がないような日本では、宗派や寺院の封建領主化は自己防衛であったようにも思えてなりません。その点ではチベット仏教が土司の支援を受けつつ同時に封建領主化し、農奴を従え、かつかなりの男子人口を僧として寺院内に抱え込んで食わせてきた事実は示唆的です。中世寺院の寺領においても、多くの民を衆徒や寺領内の百姓として抱え、男子を稚児や童子として寺に住まわせていたのです。他面、僧侶と在家の区別が曖昧になり、男色の悪習が蔓延（現在の観点では）し、権門寺院の領主化が進み、地方でも寺院は戦後の農地解放まで地主階層だったのです。

鎮護仏教から浄土仏教への必然性

飢饉と争乱の時代において天皇や貴族たちは、顕密仏教に祈雨、病気平癒、秩序の回復、心の安寧など呪術的効力を期待したでしょう。庶民においても仏像の勧進に多くの民が名を連ねたことが勧進聖たちの記録から分かるようです。

しかし、仏法の力能（寺社勢力）に絶対的な力がないと思う武士や徒党を組む庶民は、自らの力を頼みとして弱肉強食の世を生き抜こうとします。

この時期、仏教は人々の求めにどう応じていたのでしょうか。顕密仏教の隙間を埋める形で仏教は死者にかかわりはじめ、貴族層においては律宗や時宗の僧侶が籠僧として葬儀を執り行います。また、陣僧として従軍し、最期を遂げる武将に十念を授け、看取り供養する時衆という僧侶が現れ、騒乱・戦乱の世の死者を供養するようになったとのことです（井原、前掲第三巻）。『往生要集』が説く厭離穢土、浄土往生の考え方が人々の心を捉え始めます。専修念仏を唱える法然に信奉者が集まる舞台が整ってくるわけです。

次の節では、十王信仰と念仏について考えることにします。

5 日本人に追善供養の必要性が説かれたわけ

落語にもなる地獄や閻魔

私は子どもの頃から就寝時に寝転んで軽い本を読むのを楽しみにしています。面白すぎる小説は目が覚めるので、歴史物やエッセイなどを十数分読んで、とろとろとしたところで寝ます。しかし、近眼に加えて老眼が進んで文庫や新書の小さな文字が見えづらくなってきたので、疲れたときはユーチューブで落語を聞いて寝ることが多くなりました。

一時間を超す大作なのですが、「地獄八景亡者戯《じごくばっけいもうじゃのたわむれ》」は笑えます。三代目桂米朝が復活させた噺ですが、桂枝雀や桂吉朝も面白いですね。鯖の刺身にあたって死んだ男が、自分が葬儀に出た伊勢屋のご隠居と再会するところから話が始まります。三途の川渡り、賽の河原、六道の辻、閻魔庁で裁きを受けるまでの冥土の道中が面白おかしく語られます。後半とサゲはお聴きいただきたいと思います。

落語には、体に押すと極楽往生が約束されるといわれる長野善光寺の御印文を題材にした「お血脈」などもあり、地獄や閻魔大王がユーモラスに語られます。

釈徹宗氏の『落語に花咲く仏教』（朝日新聞出版、二〇一七年）でも「松山鏡」「宗論」「後生鰻」など、落語と説法の深い関係が解説されています。神仏への信心を茶化しながらも文化として大事にしてきたのが日本の芸能です。

日本人ならなじみのある地獄や閻魔の裁きという話は中世にさかのぼります。

表１　十王信仰による本地仏と忌日

十王	本地仏	審理日（忌日）
秦広王	不動明王	初七日
初江王	釈迦如来	二七日
宋帝王	文殊菩薩	三七日
五官王	普賢菩薩	四七日
閻魔王	地蔵菩薩	五七日
変成王	弥勒菩薩	六七日
泰山王	薬師如来	七七日
平等王	観世音菩薩	百ケ日
都市王	勢至菩薩	一周忌
五道転輪王	阿弥陀如来	三回忌

十王信仰の受容と追善供養の関係

十二、三世紀に編纂された『地蔵菩薩発心因縁十王経』は中国撰述の『預修十王生七経』に基づいているとされます。日本では経典としてあまり価値を置かれていませんが、仏教民俗的追善供養との関わりでは重要な役割を果たしました。道教の冥府観が色濃く反映された十王信仰が、日本の本地垂迹説《ほんじすいじゃく》で味付けされ、各地に広がっていったからです。十王は本地仏とされ、地獄における審理が追善供養の文脈で民俗化してきたのです（泉芳璟「十王經の研究」『大谷学報』二十二—四、一九四一年。岩佐貫三「十王経思想の系流と日本的摂受」『印度学仏教学研究』二三、一九六四年）。前頁の表1をご覧ください。

中国では、人は死後七日ごとに生前の行いについて審理を受け、五七日（三十五日）には閻魔王に裁きを受けるとされました。閻魔とはサンスクリットのヤマの音訳であり、ヤマはリグ・ヴェーダに登場する神で死者の国の王です。仏教では閻魔天に変わり、中国に渡ると道教の冥府の王である泰山府君と共に冥府で人を裁く王となり、道服をまとう強面の姿に描かれています。閻魔王の両側には罪状を糾明し記録する司命と司録が控えており、当人の罪については人間が生まれてから死ぬまで両肩に乗って罪状を記録する倶生神が報告すると考えられていました。中国化された仏教に道教が混交してできたのが十王経です。

この十王経の思想は寺院の堂宇にかけられた絵巻物によって庶民に説かれ、中国においても日本においても実感的な冥府観を形成してきたと考えられます。すなわち、諸王が審理を行う王庁では鬼卒に引き立てられた亡者に生前の悪事が問われ、皇帝であってもウソをつけば圧搾機にかけられたり、召使いを虐めた主人が逆に身体から脂を搾り取られたりするなど、地獄の様子が延々と描かれます。おそらく生前善行ばかりしてきた人はいないでしょうから、多かれ少なかれ倶生神と司命によって罪状を告発され、責め苦を受けざるを得ないことになります。しかし、これでは救いがないので、六道涅槃の図には量刑を軽くする方策も描かれているのです。

生前の功徳と死後の追善です。生前に法華経を読誦したり阿弥陀の名号を唱えたりしておれば罪は軽くなり、死後七日ごとの忌日に縁者が追善供養を行えば極楽行きを許してもらえるかもしれないという具合です。観音菩薩が地獄の蓋を割る、地蔵菩薩が亡者を救うというモチーフです。

さらに、追善供養として中国の十王にはなかった三仏を加えた十三仏信仰が生まれました。七回忌には阿閦如来、十三回忌は大日如来、三十三回忌は虚空蔵菩薩を加えたのです。十王経の日本的受容です。このような功徳と追善の思想と作法は中世から鎌倉時代に徐々に庶民層にも浸透していったといわれています。

庶民や地方へと伝わった十王信仰

『日本霊異記』（七八七年原本、八二四年改編）には、古代後期から平安時代にかけての仏教説話が収録されています。徳野崇行氏によれば、そのなかに追善供養の事例が十九例あります。貴族がなした寺や仏塔の造営、土地や財物の布施、仏像や仏画の製作、写経や読誦、斎食や放生という供養が説かれました。施主と供養対象との関係は、息子―父（父母）が五例、妻―夫が五例、夫―妻が一例、逆縁の父母―娘息子が二例、僧・民―無縁の死者が二例、僧―僧が二例、僧―閻魔の死者が一例、代官―天皇が一例です。

基本的には、息子が親に、妻が夫に追善の供養を行う例が多いのですが、死者の霊を弔うという点では様々なケースがありえました。ただし、名・身分のある人々が主たる登場人物であり、庶民層においてどこまで追善供養がなされていたのか資料的には不明な点があります（徳野崇行『日本禅宗における追善供養の展開』国書刊行会、二〇一八年）。

既に述べたように平安時代までの顕密仏教は領地を有する寺社に担われ、天皇や貴族の依頼に応じた仏事を行っていました。他方で、同時期の庶民層には下人などの単身者も多く、供養はおろか弔いもなく、亡骸が市中や山野にうち捨てられていました。貴族層から武士、農民にまで追善供養が拡大していくには、上層階層に浸透していた四十九日までの中陰の仏事に加えて、よりわかりやすい仏事をやる理由が必要とされたのではないかと思われます。それが、十王信仰に根ざした追善供養でした。

鎌倉から室町時代に開基された地方寺院の中には十王図や十王像が残されています。福島県東白川郡塙町真名畑には、廃仏毀釈時に破損された真蔵寺の地蔵堂と十王堂に祀られていた地蔵菩薩と十王像が残されています。これらの像は地元の方が保管しているのですが、調査した村越信子氏によれば、福島県内には奈良県内と同じ地名（郡山・山田・棚倉・向山・磐城・二本松・高田など）があり、都から陸奥の国へ入植したものが少なくなく、これらの人たちが当時造られた都の文物として移入したのではないかと推測しています（村越信子「福島に伝わる十王像と十王思想の展開」『東京家政大学研究紀要』三五、一九九五年）。

また、山形県寒河江市にある平塩熊野神社には十王像二体が保存されています。この神社は一一八

表2　八大地獄の名称と罪業に対する責め苦

地獄名	業　因	責め苦
等活地獄	殺生	鉄爪や獄卒の刀で切り刻まれる
黒縄地獄	殺生・偸盗	熱鉄の縄で切り裂かれる
衆合地獄	殺生・偸盗・邪淫	鉄山に潰され、刀葉の林に追われる
叫喚地獄	殺生・偸盗・邪淫・飲酒	釜で炙られ、熱銅を飲まされる
大叫喚地獄	殺生・偸盗・邪淫・飲酒・妄語	上記諸苦の10倍
焦熱地獄	殺生・偸盗・邪淫・飲酒・妄語・邪見	鉄串を刺され、全身を炙られる
大焦熱地獄	上記と浄戒の尼を汚す	上記6つの地獄の10倍
阿鼻地獄	上記と父母・阿羅漢殺しなど	上記地獄の1000倍

九年に寒河江氏から社領を与えられ、家臣の中山氏の祈願所として保護されました。この寒河江市から月山越えの六十里越《ろくじゅうりごえ》街道には、村山地方と庄内地方を分ける十王峠があります。

東北に限らず、十王堂に由来する地名は、茨城県日立市十王町（十王堂遺跡）や長野県上水内郡飯綱町の十王坂と十王堂、静岡県掛川市十王町（十王堂）など各地にあり、十王堂も多くの地域に残されています。それだけ、地方に十王信仰が拡大していったのでしょう。

民衆における追善供養の救いの道

仏教の六道輪廻思想では、人間が業の結果として転生する六つの世界を、天道・人間道・修羅道・畜生道・餓鬼道・地獄道と定めています。『往生要集』（源信、石田瑞麿訳注、岩波書店、一九九二年）によれば、地獄道も八カ所に分かれ、それぞれ生前に犯した罪業と対応しています。各地獄に別所があり、現代語訳で読めば気絶しそうな地獄の責め苦がこれでもかと続きます（前頁の表2）。

生前の悪行を思いとどまらせるというよりも、阿弥陀仏への念仏をとなえるしかない心境に至らせるのではないでしょうか。

六道十王図には奈河・死天山から十王の王庁で審理を受けた後、地獄道、畜生道、餓鬼道、阿修羅道に落ちていく亡者を十一面観音が救う構図が描かれています（鷹巣純「出光美術館本 六道十王図に見る伝統と地域性」『宗教民俗研究』一六、二〇〇六年）。十一面観音は修羅道において亡者を救う観音菩薩です。地獄道においても聖観音によって救われることになりますが、このような絵図を用いて説法を受けた人々は地獄の存在をリアルに感じていたのではないでしょうか。

戦乱や天変地異によって苦しい生活を強いられた民衆にとって、厭離穢土は現実的なものだったかもしれません。地獄を説かれれば説かれるほど、貴族や武士は布施や追善供養を動機づけられたかもしれません。しかし、私は民衆が十王による審理や地獄道の世界観を受け入れたのは、現世の勝者と敗者が死後に逆転するさまに小気味よさを感じたところもあったのではないかと考えます。

種々の仏事を行う財力もなく、供養を十分にやれる余裕もなかった民衆にとって、追善供養による死者の救いは遠い道のりでした。追善供養が日本に定着していく前に、念仏の利益を説く浄土僧が民衆の心を捉えたのではないでしょうか。

おわりに――人生百年の四苦八苦

新型コロナウイルスの苦

二〇二〇年一月に中国武漢で発生した新型コロナウイルスは、瞬く間に中国全土から香港・台湾・日本・韓国に拡大し、欧州と北米を含め全世界へ広がるパンデミックとなりました。日本では、安倍首相が二月二十七日に感染防止のために小中高の春休みに入るまでの臨時休校やスポーツ・文化イベントの自粛を要請し、二十八日に北海道知事が緊急事態宣言を出し、道民に外出自粛を要請しました。三月五日には中韓両国からの入国制限・規制措置を決定し、十三日には、首相が私権の制限を含めて緊急事態宣言を出せる「新型インフルエンザ等対策特別措置法」が改正されました。緊急融資や休業補償などの経済対応もなされつつあります。

日本をはじめ、世界の諸国は、二月初旬の段階で武漢をはじめとする都市封鎖に踏み切った中国の対策を模様眺めをし、ビジネスや観光で世界中を旅する数百万人単位の中国からの旅行者を受け入れていました。世界の製造業は中国企業と中国の顧客、観光産業は中国人観光客で成り立っていると言っても過言ではありません。北海道も春節から二月初旬の雪まつりで大量の観光客を迎え、結果的に日本でいち早く感染拡大が進んだのです。

感染により亡くなったり重篤な症状に陥ったりした患者さんの苦はもとより、全国一斉の学校休校によって三学期の授業や部活動、選抜高校野球をはじめとする大会や公演が中止となり、子どもや生徒たちも学校生活を失う苦を味わいました。卒業式や入学式を中止した大学でも、人生の節目を祝えずに不本意な思いをした学生が多数います。世界的な株価暴落や消費低迷によって解雇や倒産を余儀なくされた人や企業もまた、生活苦に陥りました。

コロナウイルスに悪意はありません。武漢の人たちにも悪意はあろうはずもありません。中国も国民や医療者の自由や生命を代償にコロナウイルスに対処したのであり、日本政府も後手ではあっても可能な施策を講じているといえるでしょう。もちろん、日本の状況で全ての自治体での一斉休校や、影響を受ける多職種の人々へ休業補償をしない自粛要請には議論があるでしょう。

感染防止のために何をすべきか。手洗い・うがい・マスクが基本であることには誰もが納得します。しかし、ウイルス検査や医療を誰に対してどの段階でどの程度行うのかについては、国ごとにやり方が異なります。そのうえで、感染者のいる店舗や学校閉鎖、地域封鎖までやるかどうかも、政策や市民社会のあり方に関わります。

いのちは何よりも大切なものですが、日常生活や経済活動、市民生活があってこそ生きられるわけで、感染症対策と経済活動・社会生活のバランスをどう取るのか。私たちはいろいろなことを考えさせられ、こうした経験はこの先も続くのではないかと予想されます。

グローバル資本主義が生む世界苦

感染症は文明や都市化の病とも言われます。狩猟採集や遊牧の段階、農業の曙の段階では、たかだか風土病であった病――ウイルスが、人口の集中と移動によって感染域を拡大します。しかし、宿主を殺しては元も子もないので次第に初期の毒性を薄め、季節性の病気となり、ウイルスと人類は共生していくのだそうです。

二〇〇二年十一月に中国広東省で発生したSARS（重症急性呼吸器症候群）では七百七十四名、二〇一二年九月中東から広がったMERS（中東呼吸器症候群）は八百五十八名が死亡しました。新型コロナウイルスは発生から半年で約四十万人が亡くなっています。SARSとMERSは強毒性ですが、新型コロナウイルスは症状が持病の有無や年代によって異なり、感染力にも人によって差があるため、対応が遅れたとされます。なお、普通のウイルス性感冒と解されるコロナウイルスには、既に日本人の多くが幼児期に感染しているとのことです。新型コロナウイルスもグローバリゼーションの時代でなければ、これほどの感染拡大や死亡者数にならなかったでしょう。

グローバリゼーションとは、世界的な帝国覇権を企図したヨーロッパ諸国による大航海時代に始まり、産業革命と植民地獲得競争によって全世界化したシステム化の趨勢です。二度の世界大戦で政治的には相互依存の関係に収まるものの、再び金融資本主義と世界貿易、近年の情報革命によって寡占と格差を伴うシステムに変貌しました。ヒト、モノ、カネの移動は止めることができません。その意味で、何が、誰が悪いということもできませんし、感染症の最大の防止策は人の移動を止めることですが、封建時代に戻ることは不可能です。

現代は、居ながらにして情報をスマホで入手し、あらゆるものをネットショッピングと宅配で取り寄せ、生活と労働を可能な限り分業化・細分化しています。サプライ・チェーンはグローバル化しています。グローバル資本主義という主体を欠く巨大なシステムは資本・情報・権力を集約しています。その操作をＡＩに委ね、私たちが支配に気づかず、超快適な生活を実現していくという政府のソサイエティ５・０の近未来戦略に限界や油断はないのでしょうか。

また、私たちの快適な生活は大量のエネルギーを消費するので、地球温暖化を進めます。そのブーメラン効果が、猛暑日の増加や森林の自然発火、スーパー台風やゲリラ豪雨による自然災害の増加です。このシステム上では、持つものと持たないものの格差が、自然災害や景気後退に対する脆弱性というかたちで露骨に出るでしょう。

二〇一九年、スウェーデンの若い環境活動家であるグレタ・トゥーンベリさんは世界のリーダーが集まる会議で何度も地球温暖化対策に手をこまねいている政治家＝大人世代に、子世代に何を残すつもりなのかと問いかけました。世界各国で多くの若者が、快楽への欲求が世界を滅ぼすと指摘しています。

世界規模で生じている苦のほとんどが文明や都市生活、高度情報社会や消費生活がもたらした快適な生活の裏面として生じているのです。

人生百年時代だからこそ四苦八苦

仏陀は人の生が苦しみから逃れ得ないことを苦（ドゥッカ）と説きました。生・老・病・死という人生の四苦については、人生百年時代という長寿の恩恵の裏面として老・病・死の苦が深まったことを取り上げてきました。この根源的な苦に加えて、愛別離苦《あいべつりく》・怨憎会苦《おんぞうえく》・求不得苦《ぐふとくく》・五蘊盛苦《ごうんじょうく》を加えたのが八苦です。八苦は仏教成立期におけるインドの社会生活を反映していますが、現代文明のシステムがもたらす苦においても通じるところがあります。

愛別離苦の苦は長寿化・少子化のゆえに別れる人の数も増え、少ない家族成員に対する愛着ゆえに深刻化しているともいえます。そうした愛着は、相手が期待に応じてくれれば喜びですが、そうでなければ容易に憎しみに変わります。恋愛感情や夫婦間のＤＶだけではありません。８０５０問題にも親子間の葛藤があります。

厚生労働省の調査では、二〇一八年度に児童相談所が対応した虐待件数は約十六万件あり、六十五人の子どもが死亡しました。究極の怨憎会苦ともいうべきですが、日本の新型コロナウイルスの感染者数、死亡者数と比較してみてください。人の命はなにものにも代えがたいからといって社会活動を停止する一方、子どもの貧困、ネグレクト、虐待が拡大する状況に日本社会はどれだけの資源を投じているのでしょうか。

世の中の不足をあげればきりがないのですが、生活の基本的充足がままならない人がいる一方で、他者と自身を比較して相対的な不足を感じ、種々の感情を抑えがたく一方的に相手を攻撃する人も増えています。ネットでの名誉毀損を炎上させるなど執拗な人たちはネット人口の1％から5％といわれていますが、この人たちが日常抱えるストレスも現代的なシステム上で発現する求不得苦に由来するものです。私たちは、自身の苦への耐性と他者の苦に対する共感を失ってはいないでしょうか。

五蘊盛苦といわれますが、色・受・想・行・識という五蘊、すなわち、自身の快適さに慣れた身体感覚と、自分の欲求や自分の思い込み、それを強化する考え方に影響を受けて、自己と他者、世界の有り様に心地よくない状態の原因を見つけ出し、それを除去しようと苦しんでいるのです。

正見のためには対話するほかない

私は社会システムと現代人の性行に由来する苦の解決には、専門家にアドバイスを求め、社会の種々の領域を統括する人々の責任をあげつらうだけでは難しいのではないかと考えています。

ここで、八正道を語るのは僧侶の方々にお任せすることにして、私はそのうち正見とその方法だけを社会科学的に述べるにとどめます。

世界に苦は次々と沸き起こりますし、私たちの人生百年時代にも種々の苦はつきものです。それらの苦は単一の要因で生まれたものではなく、社会のシステムと私たちの心理的特質が組み合わされて様々な苦の状態に発現するものです。その様相を正確に捉えようとするなら、自然科学と社会科学、人文学と宗教的知恵を総動員しながら、要素と要素のつながりを丁寧に見定めていく必要があります。その際、私は過度な専門家依存と政治的決断主義に対して警戒すべきと考えています。

専門家というのは特定の領域にこそ精通するものであり、他領域には素人なのです。市民も自分の生活については専門家ですが、他人の生活には素人です。ですから、他者の領域や話には謙虚に耳を傾け、同じ人間として共感できる世界を作り上げなければなりません。

政治家とは、本来、異なる見解や立場の人たちが折り合える場を探り、仲介者としての能力を発揮すべき職能なのであって、独断で行動する権力者とは一線を画すべきものです。

世界や個人の苦に対して宗教家が果たすべき役割は何なのでしょうか。私は人々が対等の立場で対話の場に参加し、語れる雰囲気を醸成するコーディネーターではないかと考えるのです。宗教者が関わるさまざまな現場において。対話によって人々の間に正見が生まれることを期待します。

参考文献

青木新門『納棺夫日記』桂書房、一九九三年。

青木新門『それからの納棺夫日記』法藏館、二〇一四年。

石飛幸三『「平穏死」のすすめ—口から食べられなくなったらどうしますか』講談社、二〇一〇年。

市川猿之助・光永圓道『猿之助、比叡山に千日回峰行者を訪ねる』春秋社、二〇一六年。

井上治代『桜葬—桜の下で眠りたい』三省堂、二〇一二年。

井原今朝男『史実　中世仏教　第一巻　第二巻』興山舎、二〇一一年、二〇一三年。

上田裕文『こんな樹木葬で眠りたい』旬報社、二〇一八年。

鵜飼秀徳『「霊魂」を探して』角川書店、二〇一八年。

大鐘稔彦『安楽死か、尊厳死か—あなたならどうしますか？』ディスカヴァー携書、二〇一八年。

大下大圓『癒し癒されるスピリチュアルケア』医学書院、二〇〇五年。

大島直行『月と蛇と縄文人』寿郎社、二〇一四年。

大島直行『縄文人はなぜ死者を穴に埋めたのか』国書刊行会、二〇一七年。

岡本拓也『誰も教えてくれなかったスピリチュアルケア』医学書院、二〇一四年。

小此木啓吾『対象喪失』中央公論新社、一九七九年。

小塩隆士『「幸せ」の決まり方』日本経済新聞出版社、二〇一四年。

春日キスヨ『百まで生きる覚悟―超長寿時代の「身じまい」の作法』光文社、二〇一八年。

勝田至編『日本葬制史』吉川弘文館、二〇一二年。

神居文彰・田宮仁・長谷川匡俊・藤腹明子『臨終行儀―日本的ターミナル・ケアの原点』北辰堂、一九九三年。

キケロ、八木誠一・八木綾子訳『老年の豊かさについて』法藏館、二〇一九年。

ケイトリン・ドーティ、池田真紀子訳『世界のすごいお葬式』新潮社、二〇一九年。

源信、石田瑞麿訳注『往生要集』岩波書店、一九九二年。

児玉真美『殺す親　殺させられる親―重い障害のある人の親の立場で考える尊厳死・意思決定・地域移行』生活書院、二〇一九年。

小林達雄『縄文の思考』筑摩書房、二〇〇八年。

小山聡子『浄土真宗とは何か―親鸞の教えとその系譜』中央公論新社、二〇一七年。

西郷信綱『古代人と死』平凡社、二〇〇八年。

坂井昭宏編『安楽死か尊厳死か』北海道大学出版会、一九九六年。

櫻井義秀編『現代中国の宗教変動とアジアのキリスト教』北海道大学出版会、二〇一七年。

島薗進『いのちを〝つくって〟もいいですか？―生命科学のジレンマを考える哲学講義』ＮＨＫ出版、二〇一六年。

釈徹宗『落語に花咲く仏教』朝日新聞出版、二〇一七年。

鈴木岩弓・磯前順一・佐藤弘夫編『〈死者／生者〉論』ぺりかん社、二〇一八年。

鈴木正崇『山岳信仰』中央公論新社、二〇一五年。

谷山洋三『医療者と宗教者のためのスピリチュアルケア』中外医学社、二〇一六年。

千坂嵃峰『樹木葬和尚の自然再生―久保川イーハトーブ世界への誘い』地人書館、二〇一〇年。

徳野崇行『日本禅宗における追善供養の展開』国書刊行会、二〇一八年。

中村圭志『人は「死後の世界」をどう考えてきたか』角川書店、二〇一八年。

中村仁一『大往生したけりゃ医療とかかわるな』幻冬舎、二〇一二年。

那須英勝・本多彩・碧海寿広編著『現代日本の仏教と女性―文化の越境とジェンダー』法藏館、二〇一九年。

西海賢二他『墓制・墓標研究の再構築』岩田書院、二〇一〇年。

丹羽宣子著『〈僧侶らしさ〉と〈女性らしさ〉の宗教社会学―日蓮宗女性僧侶の事例から』晃洋書房、二〇一九年。

長谷川宏『幸福とは何か―ソクラテスからアラン、ラッセルまで』中央公論新社、二〇一八年。

フィリップ・アリエス、成瀬駒男訳『死を前にした人間』みすず書房、一九九〇年。

藤田庄市『修行と信仰』岩波書店、二〇一六年。

マーティン・セリグマン、宇野カオリ訳『ポジティブ心理学の挑戦』ディスカヴァー・トゥエンティワン、二〇一四年。

松尾剛次『破戒と男色の仏教史』平凡社新書、二〇〇八年。

松田純『安楽死・尊厳死の現在―最終段階の医療と自己決定』中央公論新社、二〇一八年。

宮下洋一『安楽死を遂げるまで』小学館、二〇一七年。

最上孝敬『詣り墓　増補版』名著出版、一九八〇年。

森岡正博『脳死の人』増補版、法藏館は二〇〇〇年。初版は一九八九年、東京書籍。
湯浅治久『戦国仏教』中央公論新社、二〇〇九年。
吉原祥子『人口減少時代の土地問題』中央公論新社、二〇一七年。
レイ・オルデンバーグ、忠平美幸訳『サードプレイス』みすず書房、二〇一三年。
渡辺利夫『死生観の時代』海竜社、二〇一八年。

あとがき

私たちは新型コロナウイルスへの対応の中であたりまえにできていたことができなくなる、日常が変わってしまうという経験をしております。子どもたちが学校で友人とじゃれあうこと、中高生が部活で汗を流すこと、働く世代が職場でモチベーションを高め居酒屋で談笑すること、家族で外食を楽しむこと、高齢世代が茶のみ話に花を咲かすこと、などなど。感染予防のために行動が制限され、社会的距離を保つ新しい生活様式も提案されています。

人と人が交わるなかで活力が生まれ、自分も社会も発展的に変わっていきます。「場」が持つ圧倒的な力は、デジタル通信機器やオンラインの交流でも生まれるのでしょうか。

ところで、本に書かれた文字情報は、音声や映像の情報と比べれば、数千分の一の情報に過ぎません。場に付随する膨大な情報量が消えるからです。しかしながら、私たちはこの文字情報に依拠して考え方や思いを他者に伝えてきました。思想であれ文学であれ、文字の文化を共有していればお互いの想像力を活用しながら豊かなコミュニケーションをなしてきたのです。

私が、生と死、老いや病いに関して五年の間折々に書き留めてきたエッセイを、現代の寺院仏教、葬送儀礼と墓制の将来を展望する書籍にまとめるという作業の中で再編してみました。読者の皆様に伝わるものがあり、お互いの想像力がかき立てられ、新しい文化を構想していくことができれば幸いです。出版という行為は、昔も今も文化と創造力に基盤を置いています。

二〇二〇年の今、日本の大学、いや世界の大学では、教室での対面授業を前提としないオンライン講義が実施されております。三月から五月にかけて前期分四科目十五回分ずつのオンデマンド教材を用意したのですが、腕や肩のこり、手首の腱鞘炎などでキーボードが打てなくなってしまいました。「はじめに」と「あとがき」は音声入力で書いております。テレビ会議システムを利用したオンライン配信の演習や講義では目が異常に疲れ、いまだスマホデビューを果たせていない私の限界でしょう。

自分があえて避けてきたＩＣＴ機器の操作に挑戦しながら、この時代とこの状況に対応していかなければならないでしょう。対面授業で利用できた場の力がなくなった今、どれだけコンテンツだけで伝えられるのかが問われております。たぶん読者の皆様もさまざまな領域で同様のチャレンジをされているのではないかと推測します。健康に留意されてイノベーションを成し遂げましょう。どの時代もそうすることで人は生きのび、文化や制度を残してきました。

私は最初の一冊を除き、これまで書いた書籍に家族への献辞を記しませんでした。しかし、この本は、三年前に亡くなった父親の霊前に捧げたいと思います。「これからの仏教」を思いつつ、私にとっての喪がようやくあけるのではないでしょうか。

二〇二〇年六月

櫻井義秀

著者紹介
櫻井 義秀 *Sakurai Yoshihide*

1961(昭和36)年、山形県生まれ。北海道大学大学院文学研究科博士課程中退。北星学園女子短期大学講師、北海道大学文学部講師を経て現在、同大大学院文学研究院教授。博士(文学)。主な専門は宗教社会学、タイ地域研究、東アジアの宗教文化論。近著(単著・編著)に2017年『人口減少時代の宗教文化論』(北海道大学出版会)、18年『しあわせの宗教学』(法藏館)、19年『宗教とウェルビーイング』(北海道大学出版会)、20年『アジアの公共宗教論』(北海道大学出版会)などがある。

初出誌
本書は『月刊住職』(興山舎刊)の2016年7月号から2020年5月号までの連載をもとに再編集・再構成したものです。

人生百年の生老病死
これからの仏教 葬儀レス社会

2020年７月20日　第１刷発行
2024年７月12日　第３刷発行

著者©　櫻井 義秀
発行者　矢澤 澄道
発行所　株式会社 興 山 舎
〒105-0012 東京都港区芝大門1-3-6
電話 03-5402-6601
振替 00190-7-77136
https://www.kohzansha.com/

印刷
製本　株式会社 上野印刷所

ISBN978-4-908027-88-8　C0015
定価はカバーに表示してあります。
落丁・乱丁本はお手数ですが、小社宛にお送りください。
送料小社負担にてお取り替えいたします。